La Rose Ignée

Quatrième édition, 1954

Par Samaël Aun Weor

SOMMAIRE

INTRODUCTION 1
UNE REINE DU FEU 4
LES SEPT CHANDELIERS DE L'ARHAT 7
LA COURGE 11
LE TROISIÈME GARDIEN 15
LE CALICE 19
LE POMMIER 21
LE CORPS DE LA LIBÉRATION 27
LA DÉESSE MÈRE DU MONDE 30
LE CÈDRE 32
LA CANNE DE BAMBOU 34
LE PROPHÈTE ÉLIE 45
LE PIN ET LE MENTAL 50
LE SEIGNEUR JÉHOVAH 57
LE VERBE 61
MAGIE ÉLÉMENTALE 65
LE GRENADIER 65
DÉPARTEMENT ÉLÉMENTAL DES ORANGERS 69
MAGIE ÉLÉMENTALE DU NARD 71
MAGIE ÉLÉMENTALE DU SAFRAN 73
MAGIE ÉLÉMENTALE DE LA CANNELLE 76
MAGIE ÉLÉMENTALE DE L'ENCENS 78
MAGIE ÉLÉMENTALE DE LA MYRRHE 81
MAGIE ÉLÉMENTALE DE L'ALOÈS 87
MAGIE ÉLÉMENTALE DU STYRAX 96
MAGIE ÉLÉMENTALE DE LA MENTHE 98
MAGIE ÉLÉMENTALE DU FIGUIER 106
LE MENTAL ET LA SEXUALITÉ 117
DISCIPLINE ÉSOTÉRIQUE DU MENTAL 124
LA CROIX DE L'ARHAT 144

LA FEMME	147
LE LION DE LA LOI	156
LA TABLE DE JÉZABEL	159
LE CHAKRA CORONAL	166
LES SEPT ROSES IGNÉES DE LA CANNE	169
LA CANNE DE TON CORPS MENTAL	177
DEVINS ET PROPHÈTES	182
L'ARBRE DE LA SCIENCE DU BIEN ET DU MAL	186
LA CLAIRVOYANCE	190
LE CHAMP MAGNÉTIQUE DE LA RACINE DU NEZ	194
LA PREMIÈRE CHAMBRE SAINTE DE LA RACINE DU NEZ	204
LE CHEMIN ARDENT	209
LE LARYNX CRÉATEUR	211
LA QUATRIÈME CHAMBRE	219
LA CINQUIÈME CHAMBRE	221
LA SIXIÈME CHAMBRE	224
LA SEPTIÈME CHAMBRE	226
LA HUITIÈME CHAMBRE	228
LES SEPT CENTRES DU CŒUR	233

NOTE DE L'EDITEUR

Nous éditons les oeuvres de Samaël Aun Weor, Avatar de l'ère du Verseau, pour aider l'humanité sur son Chemin.

C'est pourquoi 100% des bénéfices liés à l'achat de ce livre sont utilisés pour aider notre prochain, dans différents domaines.

Par conséquent, nous vous remercions pour votre Don du Coeur envers votre Intime, et vos Frères et Soeurs de cette Grande Famille qu'est l'Humanité.

Pour toute question, remarque ou aide à la mise en pratique, n'hésitez pas à nous contacter via soutien@don-et-compassion.com

IMPORTANT : Dans les premiers livres de Samaël Aun Weor, on peut lire qu'il est possible d'éveiller la Kundalini en étant célibataire. L'Avatar est revenu sur ses propos plus tard, après une discussion avec sa Mère Divine Particulière.

Résultat : L'abstinence ne permet pas d'éveiller la Kundalini, seul l'acte amoureux sans perte de Semen peut nous permettre de transmuter nos énergies sexuelles. Aucun célibataire ou fornicateur (celui qui perd ses énergies sexuelles) ne peut éveiller la Kundalini et créer ou régénérer ses corps solaires. Le célibataire peut seulement décrocher quelques étincelles de Feu et vivre certains états mystiques en raffinant ses énergies sexuelles, au travers de diverses pratiques expliquées dans ses livres.

Il peut néanmoins grandement avancer dans la dissolution de l'ego et dans le sacrifice à l'humanité souffrante.

Introduction

Moi, Aun Weor, le Grand Avatar de la nouvelle ère du Verseau, j'écris ce livre ardent au milieu des gouffres du Feu.

Nous allons maintenant pénétrer dans les entrailles ignées de la Déesse Mère du Monde.

AGNI ! AGNI ! AGNI ! Dieu du Feu, aide-nous, inspire-nous et conduis-nous à travers ces labyrinthes ignés de la grande nature.

Nous allons maintenant étudier les délicats pétales de cette rose ignée de l'univers.

Nous allons maintenant pénétrer dans les cavernes les plus profondes de la terre, pour lui arracher ses secrets les plus terribles.

Un sifflement doux et paisible exalte les flammes brûlantes de nos sentiments les plus purs.

Parmi les charbons ardents de l'univers, crépite le maelström des Fils du Feu.

Nous entendons le crépitement des flammes, et l'aura de la Déesse Mère du Monde nous enveloppe de la force la plus pure.

Notre calice est d'or, est d'argent, et est ardent comme le Feu solennel de l'univers.

Enfants de la terre ! Écoutez vos instructeurs, les Fils du Feu.

Rois et reines du Feu, créatures des bois, je vous conjure !

Il n'y a pas de forêt qui n'ait son génie. Il n'y a pas d'arbre qui n'ait sa créature, ses pouvoirs et son intelligence.

Les plantes ont une âme, et l'âme des plantes renferme tous les pouvoirs de la Déesse Mère du Monde.

Les âmes des plantes sont les élémentaux de la Nature. Ces créatures innocentes ne sont pas encore sorties de l'Éden et c'est pourquoi elles n'ont pas encore perdu leurs pouvoirs ignés.

Les élémentaux des plantes s'amusent comme d'innocents enfants parmi les mélodies ineffables de ce grand Éden de la Déesse Mère du Monde.

Les arômes du Feu nous enivrent et, remplis d'extase, nous nous élevons jusqu'au bonheur ineffable du Nirvana.

Il n'y a rien qui n'ait une âme dans cette création ardente.

Si nous observons avec les yeux de l'Esprit le fond ardent d'une roche millénaire, nous voyons que chaque atome est le corps physique d'une créature élémentale minérale qui lutte, aime et travaille parmi le crépitement ardent des flammes universelles, aspirant intensément à gravir les degrés ardents du charbon et du diamant, pour avoir le bonheur d'entrer dans le règne sublime des végétaux.

Ce livre sent la forêt, ce livre sent la montagne, ce livre, nous l'avons arraché aux flammes de l'univers, et chacune de ses paroles est écrite avec des charbons ardents.

Nous voulons maintenant arracher aux géants des bois et aux enfants innocents des eaux, des airs, des roches et des flammes brûlantes, tous les secrets de la Sagesse antique, afin de restaurer la sagesse ésotérique sur la face de la terre, et d'initier l'âge de Maitreya parmi le crépitement de nos pouvoirs flamboyants.

Toute la magie élémentale des antiques Hiérophantes étincelle avec ardeur dans le calice sacré des fleurs et parmi les entrailles mêmes des arbres augustes de la grande nature.

Il faut chercher la vieille sagesse des Hiérophantes de l'Égypte et de la Grèce au cœur des roches millénaires qui défient le temps et parmi les cavernes souterraines des entrailles de la terre, où le feu brûlant crépite, consumant de ses flammes les scories.

Nous allons séparer la fumée des flammes, nous allons élaborer, avec l'arôme de l'aiguillon ardent, le corps de la Libération, fait du musc le plus pur.

Il nous faut un mental fougueux : il nous faut des pensées qui flamboient. Nous avons besoin du Mental-Christ de l'Arhat pour pénétrer dans l'incendie effroyable de ces flammes universelles, où crépitent terriblement les secrets de la Rose ignée de la nature.

Élevons notre calice flamboyant au milieu du crépitement ardent de la Déesse Mère du Monde. AGNI, que nous soyons illuminés par toi, en élevant notre calice. Allumons un feu de joie, et chantons les hymnes ardents du Feu parmi la Rose ignée de l'univers. Levons notre calice auguste, et trinquons au nom des hiérarchies des flammes.

AGNI ! AGNI ! AGNI !

Une Reine du Feu

1 Nous pénétrons maintenant dans un vieux palais médiéval. Un enfant s'amuse dans ce vieux palais.

2 L'enfant gravit une échelle ; nous devons redevenir des enfants pour gravir l'échelle de la sagesse.

3 Dans ce vieux palais vit une reine du Feu. C'est la reine élémentale du Genévrier, incarnée dans un corps physique, dans une vieille cour médiévale.

4 C'est une magicienne sobre, c'est une magicienne austère, vêtue à la manière médiévale. Cette reine élémentale a une belle apparence juvénile, elle mène une vie exemplaire dans cet antique palais féodal.

5 Plongés en profonde méditation interne, nous pénétrons dans un salon souterrain de cette vieille demeure, et devant nos yeux spirituels se présente une humble couche, une dame sublime et quelques saints Maîtres qui assistent cette reine élémentale du Genévrier, incarnée en plein Moyen-Âge dans un corps physique.

6 Cette chambre étrange semble éclairée par un vieux lustre de verre et l'on y respire la poussière des siècles.

7 Face au lit, d'un vase de fer s'échappe une fumée douce et délicieuse.

8 Sous ce vase, le feu brûle intensément.

9 Un liquide bout, et parmi le liquide, la plante du Genévrier.

10 Le liquide de ce vase est l'eau pure de la vie, au milieu de laquelle apparaît l'arbre du Genévrier.

11 C'est la plante des rois Divins. Trois Zipas Chibchas de Bacatá ont pratiqué le culte du Genévrier.

12 Tous les rois divins de l'antiquité ont pratiqué l'art royal du Genévrier.

13 Le Mantra de l'élémental du Genévrier est KEM-LEM.

14 L'élémental du Genévrier ressemble à une belle enfant. Chaque arbre a son élémental.

15 Tous les élémentaux du Genévrier obéissent à cette reine élémentale incarnée dans le vieux palais médiéval.

16 La reine supplie Agni de l'aider et cet enfant du feu flotte dans cette chambre étrange.

17 L'élémental du Genévrier obéit, et dans la fumée qui s'échappe du vase apparaissent quelques Maîtres de Sagesse.

18 La fumée du Genévrier forme un corps gazeux, pour que l'ange invoqué puisse s'en vêtir et se rendre visible et tangible dans le monde physique.

19 Tous les rois divins de l'antiquité pratiquaient l'art royal du Genévrier pour converser avec les anges.

20 L'invocateur doit boire un verre de Genièvre durant le rite.

21 Les Chakras entrent en activité, avec le rite du Genévrier.

22 Chaque arbre a son élémental ; ces élémentaux des Genévriers obéissent à la reine du Feu, qui s'est incarnée au Moyen-Âge dans une cour fastueuse.

23 À présent, la reine du Genévrier cultive ses mystères dans un temple souterrain de la Terre.

24 Les baies du Genévrier, utilisées sous forme de fumigations, nettoient le corps astral de toute espèce de larves.

25 L'Initié doit revêtir son habit sacerdotal pour officier dans le temple avec l'élémental du Genévrier.

26 Durant le temps que dure l'office sacré du Genévrier, l'arbre dont on a recueilli les rameaux et les baies restera couvert d'un drap noir et l'on suspendra à cet arbre quelques pierres.

27 Pendant la sainte invocation de l'élémental du Genévrier, l'Initié fera résonner une trompette faite d'une corne de bélier.

28 L'élémental du Genévrier forme avec la fumée un corps gazeux qui sert d'instrument à l'ange invoqué.

29 Si l'invocation est digne de réponse, l'ange invoqué accourra à l'appel et se rendra visible et tangible dans le monde physique pour converser avec celui qui l'appelle.

30 L'indigne pourra mille fois faire l'appel, il ne sera pas écouté, car pour l'indigne toutes les portes sont fermées, sauf celle du repentir.

Les Sept Chandeliers de l'Arhat

1 Écoutez-moi, frères de la Troisième Initiation des Mystères Majeurs, je m'adresse à vous.

2 Elle est arrivée, l'heure d'allumer les sept chandeliers du corps mental.

3 « Avant que la flamme d'or puisse briller d'une lumière sereine, la lampe doit être bien à l'abri, dans un endroit libre de tout vent ».

4 Les pensées terrestres doivent tomber mortes devant les portes du temple.

5 « Le mental qui est esclave des sens rend l'âme aussi vulnérable qu'un frêle esquif que le vent pousse sur les eaux ».

6 C'est ainsi que nous parlent les préceptes de la sagesse orientale.

7 Écoutez-moi, ô Maîtres de la Troisième Initiation des Mystères Majeurs, je m'adresse à vous.

8 Vous avez maintenant besoin du plus pur effort igné.

9 Vous devez maintenant élever votre serpent ardent du corps mental.

10 Elle brille, l'Étoile à cinq pointes, au-dessus des chandeliers du temple du mental.

11 Parmi le crépitement des flammes, vous avez maintenant pénétré dans le temple ardent de l'entendement cosmique.

12 Vos pensées flambent dans le tourbillon des flammes.

13 Voilà le temple igné de l'Arhat.

14 Votre mental doit devenir complètement incandescent dans le crépitement du feu.

15 Il faut séparer soigneusement la fumée des flammes.

16 La fumée est ténèbre ; les flammes sont lumière.

17 Il faut pratiquer intensément la Magie Sexuelle, parmi le feu qui flamboie.

18 Il faut convertir le mental-matière en mental-Christ.

19 Il faut dérober le feu aux démons du monde mental.

20 Persévère et ne te décourage pas, mon frère.

21 Le piédestal du trône des Maîtres est fait de monstres.

22 Aie foi, mon fils, et ouvre-toi un chemin avec l'épée.

23 Les ténébreux te barrent le passage.

24 Élance-toi contre les ténébreux avec le tranchant ardent de ton épée. Sois vainqueur et tu entreras dans les Chambres du temple saint de l'Arhat.

25 Il brille, le Soleil, et à présent s'allume le chandelier de ton plexus solaire.

26 Reçois, mon frère, ta récompense.

27 Au doigt annulaire de ton corps mental pétille le diamant solaire et l'anneau igné.

28 Dans ton plexus solaire brûle maintenant une nouvelle Rose Ignée.

29 Les démons de l'entendement te tendent partout des pièges, ô Arhat.

30 Le serpent du corps mental est maintenant en train de monter par le fin fil de la moelle épinière du corps mental.

31 Il faut dominer le mental au moyen de la volonté.

32 Le mental est le repaire du désir.

33 Il faut expulser les démons tentateurs de notre temple avec le fouet terrible de la volonté.

34 Il faut libérer le mental de toute espèce d'écoles, religions, sectes, partis politiques, concepts de patrie et de drapeau, préjugés, appétits et peurs.

35 Il faut libérer le mental des processus du raisonnement.

36 Il faut transformer par la compréhension le processus du raisonnement.

37 Ne t'identifie pas avec le mental, ô Arhat.

38 Tu n'es pas le mental. Tu es l'Être, tu es l'Intime.

39 Le mental est un cheval sauvage, dompte-le avec le fouet de la volonté, pour qu'il ne précipite pas ta voiture à l'abîme.

40 Malheur au cocher qui perd sa voiture, il devra reprendre au commencement son chemin.

41 La Rose Ignée de ton cœur est ton soleil de justice.

42 Apprends, ô Arhat, à manier ton épée.

43 Apprends à séparer la fumée des flammes.

44 Dans tout ce qui est bon, il y a quelque chose de mauvais.

45 Dans tout ce qui est mauvais, il y a quelque chose de bon.

46 Tu es maintenant passé au-delà du bien et du mal.

47 Tu connais maintenant le bon du mauvais et le mauvais de ce qui est bon.

48 Au milieu de l'encens de la prière se cache le délit.

49 Persévère, mon fils ; le serpent de ton mental monte peu à peu par la moelle épinière de ton corps mental. Elles s'ouvrent, tes ailes ignées, tes ailes éternelles.

50 Ton mental resplendit avec le feu sacré.

51 Persévère et ne désespère pas, allume tes sept chandeliers éternels.

52 Acquiers la vue de l'aigle et l'ouïe ardente.

53 Tes pensées flambent, ondulantes, dans l'ardente aura de l'Univers.

La Courge
Cucurbita pepo

1 Entrons maintenant, ô Arhat, pour officier dans le temple avec la courge.

2 Revêts-toi de la tunique et du manteau blanc, et approche-toi de l'autel, ô Arhat.

3 Grâce aux pouvoirs de l'élémental de la courge, nous pouvons travailler avec les foules.

4 L'élémental de la courge a de terribles pouvoirs sur les foules.

5 C'est au moyen de la magie élémentale de la courge que Jonas fit repentir Ninive de ses péchés.

6 L'élémental de la courge a sur sa glande Pinéale une couronne minuscule qui lui donne un pouvoir terrible sur les masses humaines.

7 Apprends, ô Arhat, à lutter contre les abominations des hommes par le moyen de la courge. Tu aideras ainsi les multitudes humaines et en aidant les hommes tu t'aideras toi-même. Tu le sais.

8 Souviens-toi que l'élémental de la courge a une tunique rose, comme l'amour désintéressé. Il a l'air d'une belle enfant vêtue de cette tunique d'amour.

9 Jonas passa trois jours dans le ventre d'un poisson, et le troisième jour il fut vomi par le poisson sur le rivage de Ninive.

10 Et Jonas alla s'asseoir sous un arbre à courges, et les habitants de Ninive se repentirent, ils déchirèrent leurs vêtements et jeûnèrent, et ils portèrent sac et silices sur leur corps.

11 Je veux que tu comprennes maintenant, ô Arhat, la relation intime qui existe entre les poissons de la mer et la courge.

12 Il y a un ange puissant qui gouverne les poissons de la mer et les élémentaux de la courge.

13 Le courant de vie qui passe par les poissons de la mer est le même qui passe par la famille élémentale de la courge.

14 L'ange igné qui gouverne la courge est la même flamme ardente qui gouverne tous les poissons de l'immense océan.

15 L'officiant mettra la courge dans un vase avec de l'eau qu'il fera bouillir parmi les flammes d'un fourneau.

16 Il devra d'abord séparer le fruit en morceaux avant de le mettre dans le vaisseau avec de l'eau.

17 On fera bouillir ce vaisseau face à l'autel.

18 L'officiant bénira le vase fumant et ordonnera à l'élémental de la courge de travailler sur les foules et de faire en sorte qu'elles se repentent de leurs péchés.

19 La grande Hiérarchie Blanche t'assistera durant le rituel.

20 Le collège d'Initiés collaborera avec toi dans cette grande œuvre du Père.

21 Les pouvoirs ignés de cette créature élémentale flambent intensément parmi le crépitement ardent des flammes universelles.

22 Durant cette cérémonie de magie élémentale, la blanche colombe de l'Esprit-Saint entrera en toi, ô Arhat !

23 Maintenant, plongé en profonde méditation, tu pourras entendre la parole de Jéhovah, ô Arhat !

24 N'oublie pas, mon frère, n'oublie pas, ô Arhat, qu'à chacune des vertèbres spinales du corps mental correspond une caverne sacrée cachée dans les entrailles de la terre.

25 Au fur et à mesure que ta couleuvre ignée monte par la moelle incandescente de ton corps mental, tu pénètres dans chacune des cavernes correspondant à chaque vertèbre.

26 Ces cavernes illuminées par le feu de ton chandelier resplendissent ardemment.

27 Ces cavernes où ne flamboie pas encore ta torche enflammée sont pleines de ténèbres, de fumée, et toi seul, ô Arhat, peux dissiper ces ténèbres avec le feu sacré de ton chandelier.

28 Dans chacune des trente-trois cavernes de l'Arhat, crépite le feu étincelant du mental cosmique de la Nature.

29 Dans chacune des trente-trois cavernes de l'Arhat, situées au sein des entrailles de la terre, on cultive les mystères sacrés du feu.

30 Au fur et à mesure que l'Arhat illumine ses cavernes avec la torche de son chandelier, la lumière et le feu convertissent son mental-matière en mental-Christ.

31 Après que Jonas eût été vomi par un poisson, il prêcha à Ninive et alla s'asseoir sous un calebassier pour travailler avec les pouvoirs du mental qui flambe dans le crépitement des charbons ardents du Mental Cosmique.

32 Les gens ne comprennent pas le symbole de Jonas malgré le fait que le Christ ressuscita après trois jours.

33 Les gens demandèrent au Christ des signes, mais Lui leur donna seulement comme signe celui de Jonas.

34 Dépouille-toi de tes vêtements vils, car ils sont pleins des vers de toute pourriture.

35 Le ver de la pourriture assèche et tue la courge.

36 Avec le rite de la courge, seuls peuvent officier les Arhats.

37 Tout le sacré collège ira, vêtu de tuniques blanches, au temple du saint rite. Quelques auxiliaires seulement porteront durant le rite une tunique et une cape bleu-ciel.

38 Pendant quelques instants on éteint les lumières et le temple demeure dans l'obscurité.

39 Tu comprendras maintenant que la plante de la courge appartient au plan mental.

40 Maintenant tu saisiras tout le symbolisme de Jonas le prophète, assis sous un arbre de la famille des courges.

41 L'extinction momentanée des lumières durant le rite symbolise le passage des ténèbres à la lumière.

42 Nous devons extirper de nous toutes ces bassesses de nature animale.

43 Le Mantra de l'élémental de la courge est KA.

44 Le gong oriental doit résonner durant ce rite.

Le Troisième Gardien

1 Le mental vit en réagissant contre les impacts qui proviennent du monde extérieur ; tu dois contrôler les réactions du mental au moyen de la volonté.

2 Si vous jetez une pierre dans un lac, vous verrez les ondes cristallines aller du centre vers la périphérie ; ces ondes constituent la réaction de l'eau à la chute de la pierre.

3 Si quelqu'un nous insulte, nous ressentons de la colère ; cette colère constitue la réaction de notre mental contre les dures paroles de celui qui nous insulte.

4 Une image pornographique frappe les sens externes et va au mental. Et alors le mental réagit, tout comme le lac de notre exemple, avec des ondes de passion animale qui vont du centre à la périphérie.

5 Nous devons subjuguer les sens et dominer le mental à l'aide du fouet terrible de la volonté.

6 Notre mental vit en réagissant contre les impacts du monde extérieur.

7 Les réactions incessantes du mental nous amènent le plaisir et la douleur.

8 La joie et le chagrin ne sont que le résultat des réactions de l'entendement.

9 Il faut contrôler les réactions de l'entendement pour passer au-delà du plaisir et de la douleur.

10 Nous devons devenir sereins, indifférents devant la louange et le blâme, devant le triomphe et la défaite.

11 Toutes les tempêtes de notre existence ne sont que le résultat des réactions de l'entendement devant les impacts provenant du monde extérieur.

12 Un examen clairvoyant nous permet de comprendre que les réactions du mental proviennent d'un centre nucléaire.

13 Ce centre nucléaire de l'entendement est le Gardien du Seuil du mental.

14 Le Gardien du Seuil du mental est comme la fumée de la flamme.

15 Le Gardien du Seuil du mental est une créature terriblement démoniaque qui vit en réagissant envers le monde extérieur avec des ondes de plaisir et de douleur, des ondes d'attraction et de répulsion, des ondes de haine, d'envie, de convoitise, de médisance, d'égoïsme, etc.

16 C'est nous-mêmes qui avons créé ce Gardien, avec toutes les perfidies de notre entendement.

17 Il est nécessaire de séparer avec soin la fumée des flammes.

18 Il est urgent de nous dépouiller du Gardien du Seuil du mental, afin de nous libérer de notre passé animal.

19 L'Arhat, après avoir déployé ses ailes ignées, devra maintenant passer l'épreuve du Gardien du Seuil du monde mental.

20 Courage, Ô guerrier ! Ô lutteur ! Il s'agit d'un instant suprême.

21 Dégaine ton épée ignée, élance-toi, intrépide, vers le Gardien du Seuil du mental.

22 Alors tu seras libre, alors ton mental s'établira sous le complet contrôle de l'Intime.

23 Lorsque vous aspiriez à être Chela, vous êtes passés par l'épreuve du Gardien du Seuil (de l'Astral) et par l'épreuve du Grand Gardien du Seuil mondial.

24 Et à présent que tu es Maître, le troisième Gardien vient à ta rencontre. Vaincs-le, et ton mental sera délivré des sens externes.

25 Elles s'ouvrent, tes ailes éternelles, parmi le feu crépitant du mental. Parmi le crépitement des flammes, les ténébreux du monde du mental t'attaquent ; vaincs-les, ô Arhat !

26 Contrôle ton mental avec le fouet de la volonté.

27 Lorsque le mental te harcèle avec des représentations perverses, de haine ou de passion, d'envie ou d'égoïsme, etc., parle-lui ainsi :

28 « Corps mental, je n'accepte pas cette représentation, enlève-la de moi, je ne l'admets pas, tu dois m'obéir parce que je suis ton seigneur ».

29 C'est seulement au moyen de la volonté que l'Intime peut contrôler le mental, il n'y a pas d'autre chemin.

30 Affirmons notre être.

31 Je ne suis pas le corps. Je ne suis pas le désir. Je ne suis pas le mental. Je ne suis pas la volonté. Je ne suis pas la conscience. Je ne suis pas l'intelligence.

32 Je suis l'Intime.

33 Je romprai toutes les chaînes du monde. Je suis le Dieu vivant. Je suis l'Être. Je suis la Vie. Je suis le Pain de vie. Je suis le Vin.

34 Dans le crépitement du feu universel, les roses ignées de notre entendement flambent et s'embrasent lorsque nous affirmons la majesté de l'Être.

35 Quand le Gardien du Seuil du mental a été vaincu, les trois énigmes du temps se défont, et alors notre mental crépite, étincelant, au cœur des grands rythmes du feu.

Le Calice

1 Rappelle-toi, mon frère, que le calice représente le mental de l'homme.

2 Le Saint Graal, qui se trouve dans le Temple de Montserrat, est rempli du sang du Rédempteur du monde.

3 Ton calice est ton cerveau, et le cerveau est l'instrument du corps mental.

4 Remplis ton calice, mon frère, avec le sang du Martyr du Calvaire, afin que ton mental se Christifie parmi le crépitement ardent des flammes universelles.

5 Le sang de l'Agneau est le vin de lumière de l'alchimiste. Le sang de l'Agneau est ta semence.

6 Ta semence est l'huile d'or pur qui monte par les deux oliviers jusqu'au calice sacré de ton cerveau, pour Christifier ton mental au sein du feu embrasant de l'univers.

7 Lorsque le calice est vide, il est le Graal noir, il est le Graal de l'ombre, il est le Graal des ténèbres.

8 Remplis ton calice, mon frère, avec le sang de l'Agneau, afin qu'il devienne le Saint Graal et que ton mental se Christifie.

9 Aucun fornicateur, aucun adultère ne pourra jamais convertir son mental-matière en mental-Christ.

10 Les Maîtres qui sont mariés christifieront leur mental par le moyen de la Magie Sexuelle.

11 Les Maîtres qui sont célibataires christifieront leur mental au moyen de la transmutation mentale et du sacrifice par l'abstention sexuelle.

12 C'est ainsi que montera le quatrième degré de pouvoir du Feu par la colonne vertébrale du corps mental, convertissant le mental-matière en mental-Christ.

13 Vous devez être pur, pur, pur.

14 Il vous est totalement défendu de verser ne serait-ce qu'une seule goutte de votre vin sacré.

15 Si tu veux Christifier ton mental, disciple du sentier rocailleux, il te faudra jurer chasteté éternelle.

16 Tu devras remplir ton calice sacré du vin de lumière, pour que le feu fasse resplendir ton mental cosmique parmi le tonnerre auguste de la pensée.

Le Pommier
(Pirus malus)

1 Cet arbre du pommier symbolise la force sexuelle de l'Éden. Lorsque l'humanité a mangé du fruit défendu, elle fut chassée du Paradis.

2 L'ange qui gouverne tous les élémentaux de cet arbre a le pouvoir de fermer nos chambres spinales, lorsque nous mangeons du fruit défendu.

3 Quand l'homme a violé les lois du seigneur Jéhovah, l'ange élémental de cet arbre ferma les chambres sacrées de notre colonne vertébrale, et nous jeta en dehors de l'Éden où les rivières d'eau pure de la vie dispensaient le lait et le miel.

4 L'épée flammigère de l'ange élémental du pommier va et vient, embrasée, parmi les flammes qui gardent la porte du Paradis.

5 La porte de l'Éden, c'est la sexualité, et l'Éden est cette même sexualité.

6 Pour l'indigne, toutes les portes sont fermées, excepté celle du repentir.

7 Même si l'homme faisant pénitence jeûnait, et portait sac et silices sur son corps, il n'entrerait pas pour autant à l'Éden.

8 Même si l'homme étudiait toute la sagesse des cieux et de la terre, il n'entrerait pas pour autant à l'Éden.

9 À l'Éden, on ne peut entrer que par une seule porte, la porte par où l'on est sorti.

10 L'homme est sorti du Paradis par la porte du sexe, et c'est seulement par cette porte que l'homme peut rentrer au Paradis.

11 Tout le secret se trouve dans le Lingam-Yoni des mystères grecs.

12 Dans l'union du Phallus et de l'Utérus sont renfermés les grands secrets du feu universel de vie.

13 Il peut y avoir connexion sexuelle, mais on ne doit jamais éjaculer le Semen.

14 Le désir refréné transmutera le Semen en lumière et en feu.

15 Le désir refréné remplira notre calice sacré avec le vin sacré de la lumière.

16 C'est ainsi que s'ouvrent les chambres sacrées, ainsi que s'éveille le feu, ainsi que nous ouvrons les portes de l'Éden, ainsi que nous Christifions le mental au sein de la rose ignée de l'univers.

17 Les Maîtres célibataires ouvriront leurs chambres ignées grâce à la force terrible du sacrifice.

18 L'abstention sexuelle est un formidable sacrifice.

19 Dans les mondes internes existe un temple sacré où officie l'ange élémental qui gouverne cet arbre merveilleux.

20 Ce temple est illuminé par trois lampes éternelles.

21 La première lampe est d'un rouge incarnat, comme la force ignée de l'étoile de l'aurore. La deuxième lampe est comme le feu bleu du Père, et la troisième lampe resplendit de la blancheur immaculée de la parfaite chasteté.

22 Les grandes mélodies du feu universel résonnent dans les ineffables étendues de ce temple de l'Éden.

23 L'élémental de cet arbre merveilleux possède de terribles pouvoirs ignés.

24 Toute plante, tout arbre, a un corps, une âme et un esprit, comme les hommes.

25 Chaque plante, chaque arbre, a sa propre âme et son propre esprit.

26 Les âmes des plantes sont les élémentaux qui batifolent dans la rose ignée de l'univers.

27 L'élémental du pommier a des pouvoirs ignés qui étincellent au sein de l'aura de l'univers.

28 Tous les frères qui cheminent sur le sentier rocailleux des flammes ardentes doivent apprendre la magie élémentale de cet arbre sacré pour aider l'humanité souffrante.

29 Grâce aux pouvoirs élémentaux de cet arbre, nous pouvons semer de l'harmonie dans les foyers.

30 Avec les pouvoirs élémentaux de cet arbre, nous pouvons rendre justice à beaucoup de malheureux.

31 Une femme abandonnée par un mauvais homme, une jeune fille déchue, une malheureuse martyrisée par un homme méchant, etc., voilà des cas auxquels nous pouvons

remédier avec les pouvoirs élémentaux de cet arbre prodige, lorsque la loi du karma le permet.

32 Ceux qui pensent pouvoir réaliser des merveilles avec la seule force du mental se trompent totalement, car tout, dans la nature, est duel, double en soi.

33 Penser qu'avec la seule force du mental on peut réaliser tous les travaux de magie pratique, c'est comme penser qu'un homme peut engendrer un enfant sans toucher une femme.

34 Penser qu'avec la seule force mentale on peut effectuer toutes sortes de travaux occultes, c'est tout comme croire qu'avec la plume seule nous pouvons écrire une lettre sans même avoir de papier, ou qu'avec la seule électricité nous pouvons nous éclairer sans utiliser d'ampoules.

35 Tout est duel dans cette création ardente, à chaque pensée correspond une plante.

36 L'élémental du pommier est d'une extraordinaire beauté, il ressemble à une jeune mariée vêtue de blanc.

37 Avec l'élémental du pommier nous pouvons éviter nombre de périls et redresser beaucoup de foyers.

38 Pour officier avec l'élémental du pommier, on mettra un tapis sur le sol, près de l'arbre.

39 « EBNICO ABNICAR ON ». Voilà les Mantras de l'élémental du pommier, tels que me les a enseignés le seigneur Jéhovah.

40 Tu commanderas à l'élémental avec l'empire de ta volonté et avec le tranchant de l'épée, vers la personne ou les

personnes sur lesquelles tu as besoin d'exercer une influence.

41 Puis le seigneur Jéhovah m'a montré l'ésotérisme du pommier.

42 Le pommier est la fleur incarnate que la bête dévore. Le pommier est l'agneau et il est le porc de la passion animale.

43 Puis le seigneur me montra le pommier et, dans ses racines, le poison du scorpion.

44 Puis il me désigna, le seigneur Jéhovah, une colonne de lumière, d'un blanc très pur et immaculé, qui s'élevait jusqu'au ciel sur un plateau de braises.

45 Le pommier est le « Glorian », et autour de lui crépitent les sept degrés de pouvoir du feu.

46 Puis le seigneur Jéhovah me fit voir une grande montagne et plusieurs Maîtres de la Loge Blanche, chaque Maître au pied de son pommier.

47 Et le seigneur Jéhovah me dit : « Toi seul sais ce que nous, les Maîtres, avons pu accomplir ».

48 Puis le seigneur Jéhovah me montra un enfant innocent, nu et plein de beauté, et il me dit : « C'est ainsi que nous devenons lorsque nous parvenons au quatrième degré de pouvoir du feu ».

49 Je compris alors les enseignements du seigneur Jéhovah, pleins de lumière et de sagesse.

50 Ce sont les saints enseignements du Sauveur du monde.

51 Ce sont les saints enseignements de Jéhovah et du Messie souverain que nous, les Gnostiques, nous aimons.

52 L'Arhat se convertit en un enfant, ainsi l'ai-je appris du seigneur Jéhovah.

53 O Jéhovah ! Mon Dieu ! Soutiens-moi avec le pouvoir du pommier !

54 Un jour, me trouvant, moi, Aun Weor, plongé en profonde méditation, je dis au seigneur Jéhovah : « O Jéhovah, aide-moi ! », et le seigneur Jéhovah répondit :

55 « Je t'ai toujours aidé, et toujours j'aiderai tous ceux qui ont déjà passé par les écoles des Baals ».

56 Le seigneur Jéhovah avait sur la tête une couronne triangulaire. Et son visage était comme l'éclair, et ses yeux comme des torches de feu ardent, et ses bras et ses jambes comme du métal incandescent.

57 Abandonnez toutes ces écoles des Baals, et asseyez-vous sous votre pommier.

Le Corps de la Libération

1 Il y a deux sortes de chair, une qui vient d'Adam et une autre qui ne vient pas d'Adam. La chair qui vient d'Adam est grossière et corruptible, et la chair qui ne vient pas d'Adam est éternelle et incorruptible.

2 Lorsque le serpent igné du corps mental parvient à un certain « canon » de notre colonne spinale, alors le Maître meurt et naît à la vie.

3 Le divin Rabbi de Galilée, monté sur un âne, entre dans la Jérusalem céleste avec le nouveau libéré.

4 Et le nouveau libéré, monté aussi sur un âne, entre dans la cité triomphante et victorieuse, où on le reçoit avec des palmes et des louanges.

5 Le Maître contemple son corps d'argile tombé en morceaux, et le divin Rabbi de Galilée dit au nouveau libéré : « Tu n'en as plus besoin ».

6 À partir de ce moment, le Maître s'est libéré de la roue des naissances et des morts.

7 Avec les meilleurs atomes du corps physique s'est formé un nouveau corps physique, ultrasensible, plein de beauté et de sublime perfection ; il a l'aspect majestueux du Christ Cosmique, et il est éternel et incorruptible.

8 Ce véhicule qui vient remplacer le corps physique d'argile s'est formé dans le fond vital de notre corps d'argile, de la même façon que le poussin se forme dans l'œuf.

9 Lorsque Franz Hartmann visita le temple de Bohême, il rencontra Paracelse, Jeanne d'Arc et beaucoup d'autres adeptes qui vivaient en chair et en os dans ce monastère sacré.

10 Il mangea avec les Frères Majeurs dans le réfectoire des Frères, puis Paracelse l'instruisit à l'intérieur de son laboratoire et il transmuta en sa présence du plomb en or.

11 Le livre intitulé « Une Aventure chez les rose-Croix », de Franz Hartmann, nous raconte toutes ces choses.

12 Lorsque Jeanne d'Arc s'est désincarnée sur le bûcher où elle fut brûlée vive, elle se retrouva entourée de Maîtres qui l'emmenèrent au temple de Bohême.

13 Depuis lors elle vit dans ce temple avec son corps physique ultrasensible, en présence de tous les autres Frères Majeurs.

14 Ce nouveau corps a le pouvoir de se rendre visible et tangible en n'importe quel endroit, et il se nourrit de fruits et d'eau pure. Le miel d'abeilles est l'aliment des Maîtres de la Fraternité Blanche Universelle.

15 Hors du corps d'argile, « Nous », les membres du Collège Sacré des Initiés, fonctionnons avec ce corps de la libération, fait du musc le plus pur.

16 Cependant, lorsque nous sommes incarnés afin d'accomplir une mission en faveur de l'humanité souffrante, nous passons partout inaperçus, comme n'importe quel passant sur la rue, vêtus à la manière du travailleur, vivant et travaillant pour gagner le pain de chaque jour, comme n'importe quel autre citoyen.

17 Le corps de la libération nous convertit en citoyens de l'Éden.

18 C'est ainsi que le Christ nous introduit par les portes de la cité triomphante et victorieuse.

La Déesse Mère du Monde

1 L'étoile à cinq pointes et la croix étoilée resplendissent maintenant dans le ciel bleu de l'Arhat.

2 Parmi le crépitement ardent des flammes universelles, nous allons maintenant célébrer la fête de la Vierge, la bienheureuse Déesse Mère du Monde.

3 Ma Mère resplendit dans son temple ineffable et nous devons à présent revêtir notre vêtement d'Arhat pour célébrer la fête.

4 Les gens croient que la nature est quelque chose d'inconscient, mais ils se trompent. Pauvres gens !

5 Lorsque nous pénétrons dans nos mondes internes, nous rencontrons la Mère de tous les vivants, officiant dans son temple.

6 Toute l'immense nature n'est autre que le corps grandiose de la reine du ciel.

7 La Déesse Mère du Monde est un Guru-Deva, aux perfections éternelles…

8 Dans le temple de la sainte Déesse Mère du Monde, nous voyons deux autels, et entre eux le Lion de la Loi.

9 Cette Déesse du Feu a été personnifiée par les vierges de toutes les religions : Isis, Marie, Maya, Adonia, Astarté, Insoberte, etc.

10 Elle est la Mère de tous les vivants.

11 Célébrons la fête de la Vierge Mère du Monde, ô Arhat !

12 L'étoile à cinq pointes et la croix étoilée resplendissent dans les cieux éternels de l'Arhat.

13 Que la Mère du Monde est belle ! Regardez-la, là-bas dans son temple ineffable, gouvernant la nature tout entière.

14 Sur sa tête elle porte une couronne d'or resplendissante, et sa tunique immaculée scintille parmi le crépitement des flammes universelles.

15 Célébrons la fête de la Vierge Mère du Monde, ô Arhat !

Le Cèdre
(Cedrus Libani)

1 L'élémental de cet arbre a de terribles et flamboyants pouvoirs ignés.

2 Les portes des temples cosmiques sont faites de bois de cèdre.

3 Le cèdre est en relation intime avec les flammes ardentes de notre colonne vertébrale.

4 Les Devas qui gouvernent les élémentaux des cèdres des forêts ont le pouvoir d'ouvrir la porte incandescente de notre canal de la Sushumna.

5 Ce canal est comme un couloir souterrain, avec les trente-trois chambres ardentes de notre moelle sacrée où scintillent les flammes dans le crépitement de ce grand incendie universel.

6 L'entrée de ce corridor incandescent est en relation intime avec la vie des cèdres de la forêt.

7 Nous conseillons à nos disciples de s'étendre sur de grosses planches de cèdre.

8 La colonne vertébrale doit être placée en contact direct avec le bois de cèdre.

9 L'élémental de cet arbre est enveloppé d'une blanche tunique et d'un blanc manteau.

10 L'élémental du cèdre a le pouvoir de nous rendre invisibles devant nos ennemis.

11 L'élémental de cet arbre nous permet de prophétiser les événements à venir.

12 Les cèdres du Liban ont servi pour la construction des portes du temple de Jérusalem.

13 Les jeudis et vendredis saints, les cèdres des forêts communiquent entre eux en émettant des sons lugubres qui résonnent dans les espaces solitaires des montagnes.

14 Les sceptres des patriarches sont faits de cèdre.

15 En méditant sur le cèdre, tout le panorama des choses futures se déroule devant notre vue interne, et nous pouvons alors prophétiser.

16 En priant l'élémental du cèdre de nous rendre invisibles, il accède à notre demande, et nous devenons invisibles pour nos ennemis.

17 L'orifice inférieur de notre moelle épinière est la porte de notre fourneau ardent.

18 Le gardien de cette porte est l'ange qui gouverne tous les élémentaux des cèdres.

19 Toutes les portes des temples sont faites de bois de cèdre.
« O Liban, ouvre tes portes et que le feu brûle tes cèdres » (Zacharie 11:1).

20 C'est pour cela que la porte d'entrée du canal de la Sushumna est gouvernée par l'ange régent des élémentaux des cèdres des forêts.

La Canne de Bambou

1 « Et je vis l'élévation tout autour du temple : les fondations des chambres étaient d'une canne entière de six coudées de hauteur » (Ézéchiel 41:8).

2 « Et celui qui me parlait tenait un roseau à mesurer, en or, pour mesurer la ville, et ses portes, et son mur » (Apocalypse 21:15).

3 « Et il m'y amena, et voici qu'il y avait un homme, dont l'aspect était comme celui du métal, et il avait dans la main un cordeau de lin et une canne à mesurer ; et il se tenait à la porte » (Ézéchiel 40:3).

4 La canne est le sceptre des Maîtres de la Fraternité Blanche.

5 Dans la canne est enregistrée l'ascension ou la descente du feu sacré.

6 Dans la canne se trouve toute la sagesse du fleuve Euphrate.

7 Dans la canne il y a toute la sagesse des quatre fleuves de l'Éden.

8 La canne représente exactement notre colonne vertébrale.

9 Au centre de notre moelle épinière se trouve un fin canal médullaire. Ce fin canal médullaire est le canal de la Sushumna.

10 Au centre du canal de la Sushumna existe un fil qui court le long de la moelle épinière.

11 C'est par ce fil nerveux très fin que s'élève la Kundalini, du coccyx jusqu'à l'espace entre les sourcils en suivant le cours de la moelle épinière.

12 Notre colonne vertébrale a trente-trois vertèbres, lesquelles sont appelées dans l'occultisme, « canons ».

13 Les trente-trois canons représentent les trente-trois degrés ésotériques de la Maçonnerie occulte.

14 La Kundalini s'éveille par la pratique de la magie

sexuelle.

15 La Kundalini est le feu sacré.

16 La Kundalini se trouve enfermée dans une bourse membraneuse située dans l'os coccygien.

17 Avec la magie sexuelle, la Kundalini entre en activité, rompt la bourse membraneuse où elle se trouve enfermée et pénètre dans le canal médullaire par un orifice ou une porte située à l'extrémité inférieure de la moelle.

18 Cette porte médullaire reste fermée chez les personnes communes et ordinaires.

19 Les vapeurs séminales permettent alors à l'Ange qui gouverne les élémentaux des cèdres d'ouvrir cette porte pour que notre couleuvre ignée s'introduise par là…

20 Le feu monte lentement, peu à peu, en accord avec les mérites du cœur.

21 Chacune de nos trente-trois chambres sacrées représente

des pouvoirs cosmiques déterminés, et une somme définie de valeurs de sainteté.

22 L'Ange qui gouverne tous les élémentaux des pommiers ouvre l'une après l'autre les chambres saintes de notre colonne vertébrale, au fur et à mesure que nous pratiquons la magie sexuelle et que nous nous sanctifions.

23 Dans le semen existe un atome angélique qui gouverne nos vapeurs séminales.

24 Cet atome angélique fait monter les vapeurs de notre semen jusqu'au canal médullaire, pour que l'Ange des cèdres de la forêt l'utilise pour ouvrir la porte inférieure de la moelle afin que la divine princesse Kundalini entre par là.

25 C'est pour cela que les portes du temple de Salomon ont été construites avec des cèdres du Liban.

26 Dans le mot Libano (Liban), nous retrouvons l'I.A.O. qui permet à l'Ange des cèdres de la forêt d'ouvrir la porte de la moelle épinière lorsque nous pratiquons la Magie Sexuelle.

27 I.A.O. est le Mantra de la magie sexuelle.

28 Pour prononcer correctement ce Mantra nous devons vocaliser chaque lettre séparément et allonger le son de chaque voyelle.

29 Le Mantra I.A.O. doit être vocalisé durant les transes de la magie sexuelle pour éveiller notre feu sacré.

30 Dans notre moelle épinière existent sept « Chakras », ou centres occultes, symbolisés par les sept nœuds de la canne de bambou.

31 Notre colonne vertébrale a véritablement la forme d'une canne de bambou avec ses sept nœuds.

32 Les rituels des premier, deuxième et même troisième degrés, que nous célébrons lors de nos offices Gnostiques, appartiennent à la canne.

33 Notre colonne vertébrale a deux orifices, un inférieur et un supérieur.

34 L'orifice inférieur est la porte d'accès à la moelle, et le supérieur, situé dans la partie supérieure du crâne, est la porte de sortie de la moelle. C'est par là que descend la force terrible des Hiérarchies, avec le sifflement du Fohat, pour, en s'enfonçant dans les profondeurs de notre canne, faire monter le feu sacré lorsque nous gagnons un canon spinal.

35 Une porte s'ouvre alors devant nous et un maître nous dit : « Entre ».

36 Et nous pénétrons dans une cour, puis dans un temple pour recevoir le degré, les symboles et la fête.

37 Ce sont les fêtes des temples et les fêtes des dieux.

38 Et ainsi, par ce chemin de feu ardent et embrasant, nous entrons successivement dans chacune de nos chambres ignées qui brûlent dans le feu de l'univers.

39 Lorsque l'homme se laisse tomber, c'est-à-dire lorsqu'il répand son semen, l'ange du pommier, qui gouverne tous les élémentaux des pommiers, ferme la porte d'une ou plusieurs chambres de notre épine dorsale, et le feu sacré descend d'un ou de plusieurs canons, selon la grandeur de la faute.

40 Lorsque le feu sacré a pénétré dans les trente-trois chambres ardentes, alors vient la haute initiation.

41 L'Intime a deux âmes : une divine et l'autre humaine.

42 Dans la haute initiation, l'Âme Divine fusionne

totalement avec l'Intime, et l'Intime naît alors dans les mondes internes comme un nouveau Maître des Mystères Majeurs de la Fraternité Blanche Universelle.

43 Les sept roses ardentes de notre colonne vertébrale flamboient alors, victorieuses, dans l'aura incandescente de l'univers.

44 Le nouveau Maître surgit alors des profondeurs vives de la conscience et s'ouvre un passage à travers le corps de la volonté, et à travers les corps mental, astral et vital, pour s'exprimer enfin à travers notre larynx créateur.

45 Le Maître doit maintenant extraire de ses véhicules inférieurs tous ses extraits animiques.

46 Ce travail se réalise au moyen du feu.

47 Le feu a sept degrés de pouvoir.

48 Les sept degrés de pouvoir du feu appartiennent à nos sept corps.

49 Nous avons sept couleuvres sacrées, deux groupes de trois, avec le couronnement sublime du septième serpent de feu ardent, qui nous unit avec la loi et avec le Père.

50 Ce sont les sept échelles de la connaissance.

51 Ce sont les sept portails des sept grandes Initiations des Mystères Majeurs.

52 À travers ces sept portails, seule règne la terreur de l'amour et de la loi.

53 Chacun de nos sept corps est un duplicata exact de notre corps physique.

54 Chacun de nos sept corps a sa moelle épinière et son semen.

55 Chacun de nos sept corps a sa propre couleuvre.

56 Nous avons donc sept cannes, sept coupes et sept montagnes éternelles.

57 L'épine dorsale de chacun de nos sept corps est symbolisée par chacune de nos sept cannes.

58 Le Vin sacré (le semen) est contenu dans chacune de nos sept coupes.

59 Le plan physique, le plan éthérique, le plan astral, le plan mental, le plan causal, le plan conscient (Bouddhique), et le plan de l'Intime (Atmique), sont les sept monts éternels.

60 Il faut gravir les sept degrés du pouvoir du feu.

61 Nous devons nous convertir en rois ardents sur le majestueux sommet des sept monts éternels.

62 Nous devons empoigner chacune de nos sept cannes.

63 L'Ange qui gouverne la vie élémentale du bambou a également le pouvoir de nous recevoir dans les grands mystères du feu ou de nous jeter en dehors des temples.

64 Dans notre canne sont enregistrés tous nos actes, bons et mauvais.

65 L'ange qui gouverne ces grands champs de bambous lit notre livre et porte un jugement en accord avec la loi.

66 Notre colonne vertébrale est un grand livre où sont enregistrées toutes nos vies passées.

67 Dans la colonne vertébrale nous devons apprendre à

résister avec héroïsme à toutes les tentations.

68 Le Christ, qui a enduré toutes les tentations, est le seul qui puisse nous donner force et vigueur pour ne pas tomber en tentation.

69 Il faut former en nous le Christ pour acquérir de l'endurance et ne pas tomber dans la tentation.

70 Il faut former le Christ en nous.

71 Le Christ se forme en nous en pratiquant intensément la Magie Sexuelle avec notre femme, ou en nous abstenant totalement, avec le terrible sacrifice qu'est l'abstention sexuelle.

72 La substance Christ est diffusée à travers tous les espaces infinis, et au fur et à mesure que nous pratiquons la Magie Sexuelle, elle est progressivement absorbée par chacun de nos sept corps jusqu'à former en nous le Christ.

73 Ces sept portails ardents sont quelque chose de très personnel, très intime, très particulier et très profond...

74 Le chemin de l'Initiation est une chose très intérieure et très subtile.

75 Pour posséder la canne, le disciple doit se libérer de toute espèce d'écoles, de religions, sectes, partis politiques, concepts de patrie et de drapeau, dogmatisme, intellectualisme, craintes, appétits, désirs anxieux d'amasser, préjugés, conventions, égoïsmes, haines, colères, opinions, polémiques de classes, autoritarisme, etc.

76 Il faut chercher un Guru pour qu'il nous guide sur ce chemin intérieur et subtil...

77 Le Guru doit être cherché en dedans, dans les

profondeurs de la conscience…

78 Chaque disciple doit chercher le Maître au-dedans… Au-dedans… Au-dedans…

79 Le Maître se trouve dans les profondeurs de notre conscience.

80 Si vous voulez partir à la recherche du Maître, abandonnez l'érudition livresque et les écoles pseudo-spiritualistes.

81 Lorsque le disciple est prêt, le Maître apparaît.

82 Le danger le plus grave de l'occultisme c'est la culture livresque.

83 Les étudiants en occultisme qui ont trop lu sont, d'ordinaire, remplis d'un orgueil terrible.

84 L'étudiant, gonflé de vanité à cause de son intellect, se sent alors maître de la sagesse mondiale, et non seulement perd-il lamentablement son temps d'école en école, mais en outre il se ferme lui-même la porte de l'Initiation et tombe dans la magie noire.

85 Nous devons devenir comme des enfants pour pénétrer dans la sagesse du feu qui se trouve tout entière au-dedans de nous, dans les vives profondeurs de notre conscience interne.

86 Il faut être humble pour atteindre la sagesse, et après avoir atteint la sagesse, il faut être encore plus humble.

87 Pour parler ésotériquement, la canne de bambou à sept nœuds est la racine de nos pieds.

88 Lorsque nous comprenons que les racines les plus intimes de notre existence se cachent dans les profondeurs de notre moelle épinière et de notre semen, nous saisissons alors ce symbole de la sagesse ardente.

89 Nos pieds spirituels se posent sur l'inconnu, et l'inconnu réside dans notre canne, c'est pour cela que la canne est la racine de nos pieds, pour parler dans le langage ésotérique.

90 Nous ne pouvons comprendre ce symbole que si nous pensons aux racines des arbres.

91 L'arbre vit et se nourrit de ses racines, et les racines de notre existence se trouvent dans la moelle épinière et dans le semen. c'est pour cette raison que la canne constitue la racine de nos pieds.

92 En un mot, notre temple n'aurait pas de bases fondamentales s'il n'y avait pas la canne.

93 Les pieds de l'homme se posent sur la vie et la vie provient de notre canne et de notre semen.

94 Si l'homme n'avait pas de colonne vertébrale, les pieds ne lui serviraient à rien parce qu'il ne pourrait pas se tenir sur eux, il lui manquerait la canne pour être en mesure de rester debout.

95 Si l'homme peut se tenir sur ses pieds c'est grâce à la canne. Nous comprenons maintenant le symbole de la Sagesse ardente lorsqu'elle affirme que la canne est la racine de nos pieds.

96 Sans ces racines, nos pieds ne pourraient supporter le corps physique et ils ne seraient d'aucune utilité.

97 Tout le pouvoir de l'homme réside dans le semen et dans la moelle épinière.

98 Les pieds des grands monarques du feu s'appuient sur le pouvoir majestueux de leur canne, c'est pourquoi la canne est la racine de nos pieds.

99 Malheur au Maître qui perd le pouvoir de sa canne, car ses pieds rouleront à l'abîme !

100 Chacun des élémentaux des cannes de bambou est un innocent enfant à la tunique blanche.

101 On reste consterné quand on entre dans le temple de l'Ange qui gouverne cette population élémentale des bambous.

102 Dans le temple de cet ange nous voyons ces enfants élémentaux vivant une vie paradisiaque.

103 Le temple est rempli de fleurs d'une beauté immaculée, et ces innocents enfants folâtrent, heureux, dans les jardins du temple.

104 L'ange qui les gouverne les éduque et les instruit dans la sagesse de la nature.

105 Dans ce temple de l'ange des bambous, il n'y a que sagesse, enfants qui jouent, musique et fleurs...

106 Ainsi avons-nous été, nous, les humains, dans le passé, enfants élémentaux folâtrant dans l'Éden...

107 Mais lorsque l'homme a désobéi aux ordres du seigneur Jéhovah et qu'il s'est livré à la fornication, alors le feu de sa canne s'éteignit et l'homme tomba dans les ténèbres de l'abîme.

108 Il fut nécessaire d'envoyer à l'humanité un sauveur pour qu'il fasse sortir l'humanité du précipice.

109 Ce sauveur est le Christ, et la sagesse du Christ est la sagesse de Melchisédech.

110 Cette sagesse se trouve dans la sexualité.

111 L'Éden est la sexualité elle-même.

112 La porte d'entrée à l'Éden est celle-là même par où nous sommes sortis.

113 Cette porte est la sexualité.

114 Si pour avoir désobéi nous sommes sortis de l'Éden, en obéissant nous retournons à l'Éden.

115 Si pour avoir mangé le fruit défendu nous sommes sortis du Paradis, en n'en mangeant pas nous retournons au Paradis.

116 Empoignons de nouveau notre canne à sept nœuds pour nous convertir en monarques tout-puissants des sept monts.

Le Prophète Élie

1 Dans l'abîme, l'homme fonda les écoles des Baals.

2 Les écoles des Baals sont toutes les écoles pseudo-spiritualistes qui existent actuellement dans le monde.

3 Toutes ces écoles externes appartiennent à l'abîme, et si l'homme veut sortir de l'abîme, il doit délivrer son mental de toutes ces « cages ».

4 Lorsque nous pénétrons dans les mondes internes, nous voyons tous les étudiants de ces écoles des Baals submergés dans les profondes ténèbres de la magie noire.

5 Tous ces pauvres êtres cherchent au dehors ce que nous avons en dedans.

6 Toutes ces pauvres âmes demeurent rebelles aux ordres du seigneur Jéhovah, mangeant du fruit défendu, de ce fruit dont Il a dit : « Tu n'en mangeras pas ».

7 Il est douloureux de voir ces âmes asservies par les Baals.

8 Les Baals sont les magiciens noirs.

9 Toutes ces écoles spiritualistes sont pleines de fornications et d'adultères.

10 Toutes les écoles spiritualistes sont les écoles des Baals.

11 Un jour, plongé en profonde méditation et prière, j'ai parlé ainsi au seigneur Jéhovah : « O Jéhovah ! Mon Dieu ! Je suis seul luttant contre toutes les écoles, contre toutes les religions et contre toutes les sectes du monde ».

12 « Mes ennemis sont aussi nombreux que les grains de

sable de la mer, je suis seul contre le monde. Comment tout ceci finira-t-il donc ? »

13 Alors m'apparut dans une vision divine l'époque d'Élie le prophète. Un maître tenait entre ses bras un cadre lumineux dans lequel apparaissait l'image du vénérable vieillard.

14 Ce vieillard était Élie le Prophète. Sa chevelure était comme de la laine blanche, son front ample et puissant comme les murs invaincus de Sion.

15 Son nez aquilin et sa lèvre mince dénotaient une vigoureuse force de volonté.

16 Ses yeux resplendissaient comme des torches embrasées et sa barbe blanche et patriarcale était auréolée d'un nimbe de lumière blanche et resplendissante…

17 Le monde était alors semblable à notre époque actuelle ; les écoles des Baals étaient aussi nombreuses qu'aujourd'hui, et Élie était seul devant toutes les écoles spiritualistes, et tous ces frères de l'ombre le regardaient avec mépris et cherchaient à le tuer.

18 Mais Élie triompha devant les quatre cent cinquante prophètes des Baals.

19 Alors moi, Aun Weor, je compris la signification de cette vision et je notai la somme des « négociations ».

20 J'ouvre la Bible et je tombe sur le chapitre 18 des Rois, qui dit ceci : « Et dès qu'Achab vit Élie, Achab lui dit : Te voilà, toi qui sèmes le désordre en Israël !

Élie répondit : Ce n'est pas moi qui sème le désordre en Israël, mais toi et la maison de ton père, en abandonnant les commandements de Jéhovah et en suivant les Baals.

Envoie donc maintenant rassembler tout Israël près de moi

sur le Mont Carmel, avec les quatre cent cinquante prophètes de Baal et les quatre cents prophètes d'Astarté, qui mangent à la table de Jézabel.

Achab convoqua alors tous les enfants d'Israël et rassembla les prophètes sur le Mont Carmel.

Et s'approchant de tout le peuple, Élie lui dit : Jusqu'à quand boiterez-vous entre deux pensées ? Si Jéhovah est Dieu, suivez- moi ; et si c'est Baal, allez derrière lui. Et le peuple ne répondit rien.

Puis Élie dit encore au peuple : Je suis, moi, resté seul comme prophète de Jéhovah ; mais les prophètes de Baal sont quatre cent cinquante.

Qu'on nous donne deux jeunes taureaux, qu'ils en choisissent un pour eux, qu'ils le coupent en morceaux et le placent sur le bois du bûcher mais qu'ils n'y mettent pas le feu ; moi je préparerai l'autre bœuf, je le placerai sur le bois et je n'y mettrai pas le feu.

Vous invoquerez ensuite les noms de vos dieux et moi j'invoquerai le nom de Jéhovah : et le Dieu qui répondra par le feu, c'est lui Dieu. Et tout le peuple répondit : C'est bien !

Élie dit alors aux prophètes de Baal : Choisissez-vous un bœuf et commencez les premiers, car vous êtes les plus nombreux ; invoquez les noms de vos dieux mais ne mettez pas le feu.

Et ils prirent le taureau qu'on leur donna et le préparèrent, et ils invoquèrent le nom de Baal depuis le matin jusqu'à midi, en disant : Baal, réponds-nous ! Mais il n'y eut ni voix ni aucune réponse. Et ils marchaient et sautaient autour de l'autel qu'ils avaient fait.

Et à midi, Élie se moqua d'eux en disant : Criez à pleine voix, car il est Dieu ; peut-être est-il en train de converser, ou a-t-il quelque empêchement, ou est-il en voyage ; peut-être qu'il dort, et il se réveillera.

Et ils invoquaient à grands cris, et ils se tailladaient selon leur coutume avec des couteaux et des lances jusqu'à ce que le sang coulât sur eux.

Et lorsque midi fut passé, ils prophétisèrent jusqu'au temps où l'on présente le sacrifice, et il n'y avait ni voix, ni personne qui répondît ou qui semblât entendre.

Élie dit alors à tout le peuple : Approchez-vous de moi. Et tout le peuple s'avança vers lui, et il répara l'autel de Jéhovah qui était en ruine.

Élie prit douze pierres, d'après le nombre des tribus des fils de Jacob, à qui la parole de Jéhovah avait été adressée en ces termes : Israël sera ton nom.

Il dressa avec les pierres un autel au nom de Jéhovah ; puis il fit autour de l'autel une rigole de la capacité de deux mesures de semence.

Il disposa ensuite le bois, dépeça le taureau et le plaça sur le bois.

Et il dit : Remplissez d'eau quatre cruches, et versez-les sur l'holocauste et sur le bois. Et il dit : Faites-le une autre fois, et ils le firent une autre fois. Il dit encore : Faites-le une troisième fois, et ils le firent une troisième fois.

Ainsi l'eau courait autour de l'autel, et il avait aussi fait remplir d'eau la rigole.

Et quand arriva l'heure où l'on fait l'offrande de l'holocauste, Élie le prophète s'avança et dit : Jéhovah, Dieu d'Abraham, d'Isaac et d'Israël, qu'il soit aujourd'hui manifeste que tu es Dieu en Israël, et que je suis ton serviteur et que j'ai fait toutes ces choses sur ton commandement.

Réponds-moi, Jéhovah, réponds-moi ! Afin que ce peuple connaisse que toi, ô Jéhovah ! Tu es le Dieu et que c'est toi qui as retourné entièrement leur cœur.

Alors le feu de Jéhovah tomba, et il consuma l'holocauste, le bois, les pierres et la terre et il absorba même l'eau qui était dans la rigole.

Et quand tout le peuple vit cela, ils tombèrent sur leur visage et ils dirent : Jéhovah est le Dieu.

Et Élie leur dit : Saisissez-vous des prophètes de Baal, qu'il n'en échappe aucun. Et ils les saisirent, et Élie les fit conduire au torrent de Kison, et là il les égorgea » (1 Rois 18:17-40).

Le Pin et le Mental
(Pinus sylvestris)

1 Le pin est l'arbre du Verseau. Le pin est l'arbre de la nouvelle ère. Le pin est un signe de la pensée aquarienne (du Verseau).

2 L'élémental du pin possède toute la sagesse de la canne. Cet élémental a une aura blanche immaculée et pleine de beauté.

3 Chaque pin a son propre élémental, car toute plante et tout arbre a un corps, une âme et un esprit, comme les hommes.

4 Les pouvoirs ignés de l'élémental du pin flamboient parmi les flammes ardentes de l'univers.

5 L'Ange qui gouverne ces populations élémentales des pins travaille avec la génération humaine.

6 Cet Ange est chargé de faire parvenir les âmes humaines à l'endroit qui leur est attribué dans chaque réincarnation, en accord avec les lois karmiques.

7 Ces élémentaux des pins ont le pouvoir de nous faire voir dans l'eau les choses du futur.

8 L'officiant, vêtu de sa tunique, fera regarder fixement un innocent enfant dans un récipient contenant de l'eau.

9 À la porte du temple on mettra une pierre durant tout le temps que durera l'office.

10 L'enfant sera vêtu d'une tunique blanche.

11 Ce rite du pin s'accomplit dans nos temples souterrains ou dans n'importe quelle caverne de la forêt.

12 Tout enfant est clairvoyant, au moment de ses quatre premières années.

13 Si nos disciples veulent éveiller la divine clairvoyance, ils doivent reconquérir l'enfance perdue.

14 Les atomes de l'enfance vivent submergés dans notre univers intérieur et il est nécessaire de les auto-éveiller pour une nouvelle activité.

15 Lorsque ces atomes infantiles surgissent des profondeurs de la conscience pour réapparaître dans notre système objectif et secondaire, nous reconquérons l'enfance perdue et alors s'éveille la divine clairvoyance.

16 Par le moyen du verbe, nous pouvons faire monter ces atomes infantiles depuis les profondeurs de la conscience jusqu'à la surface extérieure.

17 Le saint et vénérable Guru Huiracocha nous a déjà parlé, dans son livre « Logos, Mantras, Magie », sur le verbe sacré de la lumière, et il nous a dit que nous devions commencer par l'épeler peu à peu, comme fait le petit enfant quand il commence à prononcer le mot MAMA.

18 Dans ce livre, le Maître Huiracocha nous a parlé du pouvoir merveilleux de la voyelle M, mais comme le grand Maître a parlé dans un langage à clefs, seuls les Initiés purent comprendre.

19 Celui qui veut reconquérir l'enfance perdue doit recommencer à vocaliser les syllabes enfantines.

20 Que l'on vocalise les mots MA-MA, PA-PA, en élevant la voix à la première syllabe de chaque mot, et en baissant la voix à la seconde syllabe.

21 Durant cette pratique, le mental doit assumer une attitude totalement enfantine.

22 C'est ainsi que la divine clairvoyance s'éveillera chez nos disciples, à condition d'observer la plus parfaite chasteté.

23 Durant le rite du pin, le Sacerdote s'étendra sur le sol pendant que l'enfant sera en train d'observer la surface de l'eau cristalline.

24 Le Sacerdote vocalisera ensuite la syllabe AU (Aou) à plusieurs reprises.

25 On placera au-dessus de l'enfant une branche de pin. Cette branche ombragera la tête de l'enfant mais sans la toucher.

26 L'enfant verra alors de manière clairvoyante l'endroit désiré.

27 Il suffira d'ordonner à l'enfant de voir, et l'enfant verra.

28 Il faudra commander impérieusement à l'élémental du pin qu'il montre à l'enfant la personne, l'endroit, le lieu qui nous intéresse.

29 On doit aussi implorer l'aide de l'Esprit-Saint durant ce travail rituel du pin sylvestre.

30 Nos disciples doivent changer le processus du raisonnement contre la beauté de la compréhension.

31 Le processus du raisonnement divorce le mental d'avec l'Intime.

32 Un mental divorcé de l'Intime tombe dans l'abîme de la magie noire.

33 La raison est un crime de lèse-majesté contre l'Intime.

34 Tous les grands raisonneurs sont des habitants de l'abîme.

35 La raison divise le mental en le plongeant dans la bataille des antithèses.

36 Les concepts antithétiques convertissent le mental en un champ de bataille.

37 La lutte antithétique des concepts fractionne l'entendement, le transformant en un instrument inutile.

38 Un mental fractionné ne peut servir d'instrument à l'Intime. Lorsque le mental ne peut plus servir d'instrument à l'Intime, il convertit l'homme en un être aveugle et torpide, esclave des passions et des perceptions sensorielles du monde extérieur.

39 « Le mental qui est esclave des sens rend l'âme aussi vulnérable que le canot que le vent égare sur les eaux ».

40 Les êtres les plus lourds et passionnés qui existent sur la terre sont précisément les grands raisonneurs et les grands intellectuels.

41 L'intellectuel, s'il manque dans un discours un point ou une virgule, perd le sens du discours.

42 L'intuitif sait lire où le Maître n'écrit pas, et écouter où le Maître ne parle pas.

43 Le raisonneur est totalement esclave des sens externes, et son âme est aussi vulnérable que l'embarcation que le vent pousse à son gré sur les eaux.

44 Le processus de l'option divise le mental en le soumettant à la bataille des antithèses.

45 Un mental divisé est un instrument inutile.

46 Lorsque le mental ne sert plus d'instrument à l'Intime, il sert alors d'instrument au « Moi animal ».

47 Les raisonneurs spiritualistes sont les êtres les plus malheureux qui soient sur la terre.

48 Ils ont le mental totalement bourré de théories de toutes sortes et souffrent horriblement de ne pouvoir rien réaliser de ce qu'ils ont lu.

49 Ces pauvres êtres ont un orgueil terrible et finissent ordinairement par se séparer de l'Intime et se convertir en personnalités tantriques de l'abîme.

50 Le processus du raisonnement rompt les délicates membranes du corps mental.

51 La pensée doit couler de manière silencieuse et sereine avec le doux écoulement caractéristique de la pensée.

52 La pensée doit s'écouler intégralement sans le processus du raisonnement.

53 Il faut échanger le processus du raisonnement contre la qualité du discernement.

54 Le discernement est perception directe de la vérité, sans le processus du raisonnement.

55 Le discernement est compréhension, sans nécessité de raisonnements.

56 Nous devons échanger le processus du raisonnement contre la beauté de la compréhension.

57 Nous devons libérer le mental de toute espèce de préconceptions, désirs, craintes, haines, écoles, etc.

58 Tous ces défauts sont des entraves qui ancrent le mental dans les sens extérieurs.

59 Ces entraves convertissent le mental en un instrument inutile pour l'Intime.

60 Le mental doit être converti en un instrument flexible et subtil, à travers lequel l'Intime puisse s'exprimer.

61 Le mental doit être converti en une flamme de l'univers.

62 Le mental-matière doit être converti en mental-Christ. 63

Il faut contrôler le mental au moyen de la volonté.

64 Lorsque le mental nous assiège de représentations inutiles, nous devons parler au mental de cette façon :
« Corps mental, retire de moi-même cette représentation, je ne l'accepte pas, tu es mon esclave, je suis ton seigneur ».

65 Et alors, comme par enchantement, les représentations inutiles qui nous importunent disparaissent de notre entendement.

66 Le corps mental de la race humaine se trouve jusqu'à maintenant à l'aurore de son évolution.

67 En observant de façon clairvoyante la physionomie du corps mental des êtres humains, nous corroborons alors cette affirmation.

68 Le visage du corps mental de presque tous les êtres humains a une apparence animale.

69 Lorsque nous observons tous les us et coutumes de l'espèce humaine, nous comprenons alors pourquoi le corps mental des gens a une physionomie animale.

70 La Kundalini du corps mental convertit le mental-matière en mental-Christ.

71 Lorsque la Rose Ignée du larynx du corps mental fulgure ardemment au sein des flammes universelles, l'Arhat parle alors le grand Verbe de la lumière dans l'auguste éclat de la pensée.

72 Le mental doit devenir complètement enfantin.

73 Le mental doit être converti en un petit enfant plein de beauté.

74 Le Pin est l'arbre du Verseau.

75 La magie du pin est totalement en relation avec les enfants.

76 Le Pin (ou le sapin) est l'arbre de Noël. 77 Le Pin est

l'arbre de l'Enfant-Dieu.

78 Nous devons reconquérir l'enfance perdue.

79 Le Pin est le symbole du mental de la Nouvelle Ère.

Le Seigneur Jéhovah

1 Lorsque nous étudions la Genèse, nous lisons que le seigneur Jéhovah a créé toutes les herbes, toutes les semences, toutes les bêtes de la terre, tous les poissons de la mer et tous les êtres vivants.

2 Ceci, tous les êtres humains l'ont lu, mais ne l'ont pas compris.

3 Les occultistes eux-mêmes n'ont pas su nous donner une explication satisfaisante sur la Genèse.

4 Les occultistes ont donné du seigneur Jéhovah les interprétations les plus diverses mais aucun n'a pu nous expliquer de manière satisfaisante qui est Jéhovah, et comment et de quelle façon il a créé tous les êtres vivants qui peuplent la face de la terre.

5 Lorsque nous pénétrons dans les mondes internes, nous comprenons que le seigneur Jéhovah est un Guru-Deva, qu'il est le chef de toute l'évolution angélique ou dévique.

6 C'est ainsi seulement que nous pouvons nous expliquer la création de toutes les choses, selon ce que la Genèse nous raconte.

7 Tous les élémentaux de la création entière sont gouvernés par les anges, ou Devas, et tous les Devas avec tous les élémentaux de toute la création sont gouvernés par le chef suprême de l'évolution angélique ou dévique. Ce chef est le seigneur Jéhovah.

8 Il n'y a pas de plante qui n'ait une âme, et toutes ces âmes des plantes sont gouvernées par les Anges et ceux-ci à leur tour sont gouvernés par le Seigneur Jéhovah.

9 La même chose se produit avec les élémentaux minéraux et animaux : tous obéissent aux ordres des anges, et tous les anges obéissent au seigneur Jéhovah.

10 Les élémentaux de la terre, de l'air, de l'eau et du feu sont incarnés dans les plantes, et aucune semence ne pourrait croître sans la présence d'un élémental.

11 La même chose arrive avec les animaux ; tout animal est le corps physique d'un élémental de la nature, et tous ces élémentaux obéissent aux anges, et tous ces anges travaillent dans ce grand laboratoire de la nature sous la direction ardente du seigneur Jéhovah.

12 Les Elohim ou Prajapatis de l'Inde orientale sont les constructeurs de cet univers.

13 Ces Elohim travaillent au sein des embrasantes flammes de cette rose ignée de la nature, en accord avec les plans du seigneur Jéhovah.

14 Nous nous expliquons maintenant comment, de quelle manière le seigneur Jéhovah a créé toutes les choses à l'aube de la vie.

15 Les Elohim ou Prajapatis sont ces mêmes Devas ou Anges qui gouvernent la création tout entière parmi le crépitement des flammes incandescentes de l'univers.

16 Les « Heindelistes » se représentent le seigneur Jéhovah comme un Dieu antique et qui a déjà terminé sa mission.

17 Cette fausse conception des Heindelistes s'écroule totalement lorsque nous comprenons que toute l'évolution dévique travaille sous la régence directe du seigneur Jéhovah.

18 Aucune plante ne peut exister sans la présence d'un élémental, et tout élémental dépend des ordres des anges qui travaillent au sein de la rose ignée de l'univers sous les ordres du seigneur Jéhovah.

19 Ainsi donc, le seigneur Jéhovah est chaque jour en train de créer, parmi les flammes ardentes de cette rose ignée de la nature.

20 Tout Maître s'exprime à travers ses disciples.

21 Le seigneur Jéhovah s'exprime, dans l'éternel instant de la vie, à travers ses Devas élémentaux.

22 Le seigneur Jéhovah est une flamme d'une actualité palpitante, lorsque nous pensons que notre globe planétaire est en train de se préparer, actuellement, pour la nouvelle ère du Verseau.

23 Quand le Maître atteint la Quatrième Initiation des Mystères Majeurs, sept sentiers s'ouvrent devant lui.

24 Le premier : entrer au Nirvana.
Le second : travaux supérieurs dans le Nirvana.
Le troisième : faire partie de l'État-Major du Logos du Système Solaire.
Le quatrième : devenir un Nirmanakaya, travaillant dans le plan astral pour l'humanité.
Le cinquième : travailler avec la future période jupitérienne de notre terre.
Le sixième : se réincarner pour travailler avec l'humanité.

Le septième : entrer dans l'évolution dévique ou angélique pour travailler dans ce grand atelier de la nature, sous les ordres directs du seigneur Jéhovah.

25 Le seigneur Jéhovah non seulement fut le créateur du passé, mais il est aussi le créateur du présent, et il sera le créateur de l'avenir.

26 Les douze grandes hiérarchies zodiacales ont créé l'homme, mais l'homme n'aurait pas pu vivre sur notre terre physico-chimique sans le travail laborieux du seigneur Jéhovah.

27 De ce point de vue, le seigneur Jéhovah a créé l'homme à son image et à sa ressemblance.

28 Dieu a créé toutes les choses à l'aide de la parole perdue.

29 Cette parole, les Maîtres qui vivent en Asie l'ont très bien gardée.

30 Un grand philosophe disait : « Cherchez-la en Chine, et peut-être la trouverez-vous dans le grand Tartare ».

31 La parole perdue est comme un poisson, gigantesque, moitié bleu, moitié vert, sortant des profondeurs de l'océan.

32 Jéhovah est le Dieu des prophètes du passé, du présent et du futur.

33 Moi, Aun Weor, je suis un prophète de Jéhovah.

Le Verbe

1 « Au commencement était le Verbe, et le Verbe était avec Dieu, et le Verbe était Dieu.
Il était au commencement avec Dieu.
Toutes les choses furent faites par lui ; et sans lui, rien de ce qui est fait ne fut fait.
En lui était la vie, et la vie était la lumière des hommes.
Et la lumière resplendit dans les ténèbres ; mais les ténèbres ne l'ont pas comprise.
Il y eut un homme envoyé de Dieu, il se nommait Jean.
Il vint comme témoin pour rendre témoignage à la lumière, afin que tous crussent par lui.
Il n'était pas la lumière, mais le témoin de la lumière.
Lui (le Verbe), était la lumière véritable, qui éclaire tout homme qui vient en ce monde.
Il était dans le monde, et le monde a été fait par lui ; et le monde ne l'a pas connu.
Il est venu chez les siens, et les siens ne l'ont pas reçu.
Mais à tous ceux qui l'ont reçu, il a donné pouvoir de devenir enfants de Dieu, à ceux qui croient en son nom.
Eux qui ne sont ni de sang, ni de vouloir de chair, ni de volonté d'homme mais que Dieu a engendrés.
Et ce Verbe s'est fait chair, et il a habité parmi nous (et nous avons vu sa gloire, gloire qu'il tient de son Père comme Fils unique), plein de grâce et de vérité » (Jean 1:1-14).

2 Le Verbe est déposé dans le semen.

3 Le Fiat lumineux et spermatique du premier instant dort dans le fond de notre arche sainte, attendant l'heure d'être réalisé.

4 L'Univers tout entier est l'incarnation du Verbe.

5 Ce Verbe est la substance christonique du Logos Solaire.

6 Dans les temps antiques l'homme parlait la divine langue solaire, et toutes les créatures de la terre, de l'eau, de l'air et du feu s'agenouillaient devant l'homme et lui obéissaient.

7 Mais lorsque l'homme a mangé du fruit défendu, il a oublié la langue des fils du feu, et il érigea la tour de Babel.

8 Cette tour symbolise toutes les grammaires du monde.

9 Les hommes devinrent alors confus parmi tant d'idiomes.

10 Anciennement, on ne parlait que la langue de l'Éden, et ce fut avec ce Verbe sacré que les fils du feu ont créé toutes les choses.

11 Et le Verbe vint dans le monde, et on le cloua sur une pièce de bois, au sommet majestueux du Calvaire. Il vint chez les siens mais les siens ne l'ont pas connu.

12 Le Verbe est la lumière qui illumine tout homme qui vient au monde.

13 Lorsque le serpent sacré arrive à notre larynx, nous acquérons le pouvoir de parler la divine langue que nous possédions autrefois, dans l'âge des titans, quand les rivières dispensaient le lait et le miel.

14 Nous étions alors des géants.

15 Pour parler le Verbe d'or, il faut pratiquer intensément la magie sexuelle, car le Verbe du Logos Solaire réside dans notre semen Christonique.

16 Ton mental resplendit avec le feu sacré, ô Arhat !

17 Ton mental flamboie parmi les flammes ondulatoires de l'espace.

18 Les roses ignées de ton corps mental étincellent ardemment au milieu des charbons incandescents de ton entendement.

19 Une nouvelle rose ignée resplendit maintenant avec ardeur dans ton entendement, c'est la rose ignée de la gorge du corps mental.

20 Le calice brille sur l'arbre de ton existence, le soleil resplendit dans l'espace ardent...

21 Entre maintenant, ô Arhat ! Dans le saint temple du mental cosmique, afin que tu reçoives le symbole et la fête solennelle du Verbe qui résonne dans la création tout entière, parmi les rythmes fougueux du Mahavan et du Chotavan.

22 Les flammes de l'espace sifflent ardemment dans la rose ignée de ta gorge.

23 Rappelle-toi, mon fils, que toutes les choses de l'univers ne sont que les granulations du Fohat.

24 Écoute-moi maintenant, mon enfant.

25 Ta gorge est à présent la vive incarnation du Verbe des Dieux.

26 Écoute-moi, ô Arhat ! Les flammes de l'univers parlent maintenant à travers ton larynx créateur, déchaînant des tempêtes sur les multitudes.

27 Jérusalem ! Jérusalem ! Cité chérie des prophètes, combien de fois as-tu voulu rassembler tes enfants, comme la poule ses poussins en dessous de ses ailes, mais ils n'ont pas voulu.

28 Le Verbe des flammes sacrées s'exprima à travers le

larynx ardent des prophètes de Sion, et les murs invaincus de la cité chérie des prophètes tombèrent devant le pouvoir tout-puissant du Verbe.

29 La flamme brûlante de l'entendement cosmique, parlant le Verbe de la lumière, est terriblement divine...

30 Ton mental est à présent un bûcher enflammé, ô Arhat !

31 Ton quatrième serpent t'a maintenant converti en un dragon ardent de la parole.

32 La force sexuelle de l'Éden a maintenant fleuri, « faite verbe, dans tes lèvres fécondes ».

Magie Élémentale

LE GRENADIER
(Punica Granatum)

1 Le grenadier représente l'amitié.

2 Le grenadier représente les accords amicaux.

3 Le grenadier représente le foyer.

4 Les élémentaux des grenadiers ont le pouvoir d'établir des relations amicales.

5 Les élémentaux des grenadiers ont le pouvoir d'établir des accords fraternels entre les hommes.

6 Les élémentaux des grenadiers ont le pouvoir d'établir l'harmonie dans les foyers.

7 Le grenadier est symbolisé dans la lumière astrale par le cheval.

8 Le cheval est toujours un symbole d'amitié.

9 L'Ange qui gouverne les populations élémentales des grenadiers est le soleil des foyers.

10 Si vous désirez semer l'harmonie dans les foyers pleins d'affliction, utilisez la magie élémentale des grenadiers.

11 Si vous avez besoin d'établir des relations amicales avec certaines personnes, utilisez la magie élémentale des grenadiers.

12 Si vous avez besoin d'établir quelque accord important avec une autre personne, utilisez les pouvoirs ignés des élémentaux des grenadiers.

13 Nous pouvons, au moyen de la magie élémentale des grenadiers, travailler sur les âmes égarées, pour les faire revenir au sentier de la lumière.

14 Nous pouvons, grâce à la magie élémentale des grenadiers, faire revenir à son foyer l'enfant prodigue.

15 Lorsque les élémentaux des orangers nous ont soumis à des « épreuves », nous pouvons sortir triomphants avec la magie élémentale des grenadiers.

16 Et le Seigneur Jéhovah me fit voir un mont élevé, et le Seigneur Jéhovah était sur ce mont élevé. Et le Seigneur Jéhovah me dit :

17 « Avec la magie élémentale des grenadiers, vous pouvez travailler pour le progrès de la paix ».

18 Et il avait, le Seigneur Jéhovah, l'aspect de la blanche colombe de l'Esprit-Saint.

19 Et toute cette grande montagne resplendissait, pleine de majesté.

20 Avec le pouvoir élémental des grenadiers, nous pouvons travailler sur les fornicateurs, pour les aider à sortir de l'abîme.

21 Lorsque nous disons qu'avec la magie élémentale des grenadiers nous pouvons nous défendre quand les génies élémentaux des orangers nous ont mis à l'épreuve, nous voulons affirmer que les courants hiérarchiques qui passent par les orangers sont le pôle contraire des courants

cosmiques qui passent par le département élémental des grenadiers.

22 Une force quelconque est tout à fait unie à l'ensemble des forces manifestées dans la création.

23 La vie qui passe par les plantes passe aussi par les minéraux, par les animaux et par l'espèce humaine.

24 Dans ce sens, les divers départements élémentaux de la nature se trouvent en relation avec les différents états ou zones d'activité humaine.

25 Sous la direction des Anges régents des différents départements élémentaux de la nature, travaillent d'immenses pouvoirs et d'innombrables hiérarchies.

26 Et le Seigneur Jéhovah m'a montré l'arbre de la vie.

27 C'est un des deux arbres de l'Éden.

28 Je compris alors l'enseignement du Seigneur Jéhovah.

29 Lorsque nous travaillons pour le progrès de la paix, pour la fraternité universelle, pour la dignification des foyers, nous utilisons la magie élémentale des grenadiers.

30 C'est-à-dire qu'ici même nous sommes en train de vivre intensément la magie élémentale des grenadiers.

31 Sur le mont de la paix resplendit la gloire du Seigneur Jéhovah.

32 VAGO O A EGO, voilà les Mantras des élémentaux des grenadiers.

33 Si nous voulons utiliser l'élémental de quelque grenadier, nous marcherons en cercle autour de lui, nous bénirons

l'arbre, nous prononcerons les Mantras et nous ordonnerons à l'élémental de travailler sur la personne ou les personnes qui nous intéressent selon les buts que nous poursuivons.

34 Les Anges qui veillent sur tous les foyers de la terre appartiennent à ce règne élémental des grenadiers.

35 Chaque famille humaine est protégée par un Ange familial.

36 Ces Anges familiaux appartiennent au département élémental des grenadiers. Les francs-maçons ignorent leur signification occulte.

DÉPARTEMENT ÉLÉMENTAL DES ORANGERS
(Citrus Aurantium)

37 Les hiérarchies qui gouvernent le département élémental des orangers sont les mêmes qui gouvernent tous les mouvements économiques et monétaires de l'espèce humaine.

38 Tous les problèmes économiques du monde peuvent être résolus avec la force terrible de l'amour, c'est-à-dire avec la magie élémentale des grenadiers.

39 Tous les désaccords des hommes peuvent être résolus avec l'amour, qui est la force élémentale des grenadiers.

40 Toutes les haines égoïstes disparaissent avec l'amour, qui est la magie élémentale des grenadiers.

41 C'est pour cela que nous disons que lorsque les créatures des orangers nous ont soumis à des épreuves, nous pouvons sortir triomphants avec la magie élémentale des grenadiers.

42 Les orangers sont en relation intime avec la monnaie, et la monnaie engendre des conflits de toute espèce.

43 Les populations élémentales des orangers se trouvent en relation intime avec les problèmes économiques de l'humanité.

44 Les populations élémentales des orangers sont gouvernées par les Deva qui distribuent les semences de tout ce qui existe.

45 Ces Deva élémentaux gouvernent aussi la semence du

genre humain et la semence des espèces animales.

46 Maintenant, les dévots de la Sagesse du Feu comprendront pourquoi les hiérarchies élémentales des orangers ont le pouvoir de conduire l'énergie du monde.

47 Ces Deva travaillent en accord avec les lois du karma.

48 Avant que l'argent existât sur la terre, ils gouvernaient l'économie mondiale, et depuis que l'argent a fait son apparition, ils continuent comme toujours de distribuer l'économie mondiale en accord avec la loi du karma.

49 De nos jours, l'argent sert d'instrument karmique pour récompenser ou châtier les hommes.

50 Lorsque nous pénétrons dans le temple de l'Ange qui gouverne ces populations élémentales des orangers, nous voyons ces enfants élémentaux vêtus de tuniques de différentes couleurs.

51 Ces enfants étudient dans leurs livres sacrés, et l'Ange qui les gouverne les instruit et leur enseigne.

52 Le Mantra des élémentaux des orangers est A KUMO.

MAGIE ÉLÉMENTALE DU NARD (Nardus)

53 « Tandis que le Roi est dans son oratoire, mon nard donne son parfum » (Cantique des Cantiques 1:12).

54 Le nard est le parfum le plus sublime de l'amour.

55 Le nard est le parfum de ceux qui sont déjà passés de l'autre bord.

56 Le nard appartient à l'âme humaine (corps causal ou corps de la volonté, Manas Supérieur).

57 Le nard est le parfum de la Cinquième Initiation des Mystères Majeurs.

58 Le nard appartient au corps causal christifié.

59 Le nard est le parfum des hauts Initiés.

60 Le nard est une plante qui appartient au plan causal.

61 Le nard est le parfum du Libérateur.

62 Le nard est le parfum des Hiérophantes des Mystères Majeurs.

63 Pour parler ésotériquement, nous devons livrer de grandes batailles pour obtenir le nard.

64 Le parfum du nard agit efficacement sur la conscience des artistes.

65 La fragrance du nard doit se trouver là où l'on veut qu'il y ait art et beauté.

66 La planète du nard est Saturne.

67 Le Mantra des populations élémentales du nard est **ATOYA.**

68 Ces créatures élémentales du nard peuvent être utilisées à des fins d'amitié.

69 Le nard est le parfum de la nouvelle ère du Verseau.

MAGIE ÉLÉMENTALE DU SAFRAN
(Crocus Sativus)

70 Le safran est la plante de l'apostolat.

71 Les populations élémentales du safran se trouvent en relation intime avec l'apostolat.

72 L'apôtre est un martyr du Mental Cosmique.

73 Le mental de l'apôtre authentique est crucifié.

74 Le mental de l'apôtre véritable est en relation intime avec le département élémental du safran.

75 Le mental de l'Arhat est en relation étroite avec ce département élémental du safran.

76 L'apôtre est un martyr.

77 Tout le monde bénéficie des œuvres de l'apôtre, tout le monde lit ses livres, et tout le monde paie l'apôtre avec la monnaie de l'ingratitude, parce que, selon le concept populaire : « L'apôtre n'a pas le droit de savoir ».

78 Cependant toutes les grandes œuvres du monde sont dues aux apôtres.

79 Le safran est en relation intime avec les grands apôtres de l'art, avec les Beethoven, Mozart, Berlioz, Wagner, Bach, etc.

80 La planète du safran est Vénus, l'étoile de l'amour.

81 Tout apostolat est en relation intime avec la magie

élémentale du safran.

82 L'apôtre est suspendu à une corde très amère, et tout au fond il y a le profond abîme.

83 Le département élémental du safran est en relation intime avec le travail laborieux.

84 Le travail d'un apôtre de la lumière, le travail de l'homme qui lutte pour le pain de chaque jour, et le travail laborieux des minuscules abeilles est immensément sacré, et est en relation intime avec ce département élémental du safran.

85 Aucune forme de travail honnête, si humble soit-il, ne peut jamais être méprisée, car le travail dans toutes ses formes est en relation intime avec les hiérarchies cosmiques en rapport avec ce département élémental du safran.

86 N'importe quel détail ou incident de travail, si insignifiant qu'il paraisse, revêt de gigantesques proportions dans le cadre de l'activité de la vie en évolution.

87 Une insignifiante abeille qui tombe, blessée, loin de la ruche, c'est un événement, c'est une tragédie morale, c'est un drame épouvantable pour toutes les abeilles de la ruche.

88 Cet événement ne pourrait être comparé qu'avec un autre semblable, se rapportant à l'espèce humaine.

89 Une famille humaine se trouve plongée dans un profond désespoir lorsqu'un fils, ou un frère, ou un chef de famille, ne peuvent retourner chez eux, pour avoir été blessés à l'usine, ou pour avoir été renversés par une automobile, ou par suite de n'importe quel autre accident analogue.

90 Et alors tous leurs proches, écrasés de douleur, essaient de remédier à la situation, jusqu'à ce qu'ils obtiennent le retour du parent à la maison.

91 C'est exactement la même chose qui arrive avec l'insignifiante abeille, la même tragédie, le même drame douloureux.

92 L'abeille est petite pour nous, nous la considérons minuscule, mais les abeilles entre elles se voient de la même façon qu'une personne voit une autre personne. Elles ne se voient pas minuscules, et ne se sentent pas petites.

93 Le mental de l'Arhat doit comprendre à fond toutes ces profondes activités en relation avec le département élémental du safran.

94 Dans tout travail, si minuscule soit-il, il y a des joies, il y a des tristesses, il y a des tragédies morales profondes qui doivent nous inviter à comprendre la grandeur sublime du travail, tant chez l'espèce humaine, chez l'insecte insignifiant, que pour l'apôtre qui œuvre au bénéfice de l'humanité.

95 Les élémentaux du safran ont de belles tuniques de couleur rose pâle.

96 Le safran et les abeilles symbolisent le travail et tous les deux sont gouvernés par la planète Vénus.

MAGIE ÉLÉMENTALE DE LA CANNELLE
(Cinnamomum Ceylanicum)

97 La cannelle est cordiale et restauratrice des forces.

98 Là où l'on veut qu'il y ait de la joie, il doit y avoir la magie élémentale de la cannelle.

99 Là où l'on veut qu'il y ait de l'activité et de l'optimisme, on a recours à la magie élémentale de la cannelle.

100 La magie élémentale de la cannelle donne de l'activité et de la joie.

101 L'optimisme et la joie doivent imprégner toutes nos activités.

102 Le département élémental de la cannelle est précisément en relation avec l'optimisme et la joie.

103 La magie élémentale de la cannelle est en relation intime avec ces forces élémentales qui restaurent et réconfortent notre vie.

104 La magie élémentale de la cannelle se trouve en relation intime avec ces forces qui réconfortent, fortifient et restaurent la vie des enfants, des adolescents, des femmes et des vieillards.

105 Le mental de l'Arhat doit cultiver l'optimisme et la joie.

106 Là où l'on veut qu'il y ait de l'activité, il faut toujours une saine joie.

107 Le mental de l'Arhat doit comprendre à fond ce que signifie la joie et l'optimisme.

108 Lorsque nous pénétrons dans le temple élémental de ce département végétal de la nature, nous voyons les enfants élémentaux de ces arbres jouer gaiement dans le temple, sous le regard de l'Ange qui les dirige.

109 Nous devons comprendre ce qu'est la musique, la joie et l'optimisme.

110 On est rempli d'extase en écoutant la Flûte enchantée de Mozart, qui nous rappelle une Initiation égyptienne.

111 On se sent anéanti en écoutant les neuf symphonies de Beethoven ou les mélodies ineffables de Chopin et de Liszt.

112 La musique ineffable des grands classiques vient des exquises régions du Nirvana où seule règne la félicité qui est au-delà de l'amour.

113 Tous les grands Fils du Feu distillent le parfum de la félicité et la fragrance exquise de la musique et de la joie.

114 Les élémentaux de ces arbres sont de beaux enfants vêtus de tuniques de couleur rose pâle.

MAGIE ÉLÉMENTALE DE L'ENCENS
(Juniperus Thurifera)

115 L'encens véritable est extrait de l'arbre oliban et il renferme de grands pouvoirs élémentaux.

116 Si on en jette dans de l'eau, il a le pouvoir de faire accourir à notre appel les créatures élémentales de l'eau.

117 Appliqué sur le front, il a le pouvoir de faire disparaître le mal de tête causé par une forte préoccupation mentale.

118 La fumée de l'encens a le pouvoir de faire venir les Maîtres et les Anges du monde invisible.

119 L'encens prépare l'atmosphère des Rituels gnostiques.

120 L'encens est un grand véhicule pour les ondes spirituelles de la pure dévotion, et il aide au recueillement mystique, car il sert d'instrument dévotionnel.

121 Dans les anciens temples de Mystères, on enveloppait les malades avec la fumée de l'encens, pour les soigner.

122 Les créatures de l'eau accourent tout heureuses quand nous jetons un peu d'encens dans un vase rempli d'eau.

123 L'encens doit être employé lorsqu'on va signer quelque pacte amical. Les mages aztèques, lorsqu'ils signaient leurs pactes avec les Espagnols, fumaient du tabac.

124 Ils faisaient cela dans l'objet de préparer l'atmosphère pour signer les pactes et parler amicalement.

125 Cependant, nous recommandons plutôt l'encens pour

de telles fins, car l'usage du tabac a le défaut de se convertir en un vice infect et détestable.

126 L'encens doit être utilisé par tous les dévots du sentier.

127 On doit se servir d'encens lors des réunions d'accords matrimoniaux.

128 La dévotion et la vénération ouvrent la porte des mondes supérieurs aux dévots du sentier.

129 Lorsque nous pénétrons dans le temple élémental des olibans, nous y voyons chacun des enfants élémentaux de ces arbres jouant gaiement dans le temple de l'encens.

130 Ces élémentaux portent une tunique jaune, et leur Mantra est ALUMINO.

131 Nous pouvons invoquer ces élémentaux avec leur Mantra pour qu'ils préparent l'atmosphère de l'encens.

132 L'Ange qui gouverne ces créatures élémentales ressemble à une jeune mariée vêtue de sa robe nuptiale.

133 Chaque arbre a son propre élémental.

134 Nous ne nous lasserons pas d'expliquer que chaque plante et chaque arbre est le corps physique d'un élémental de la nature, qui est en train de se préparer pour pénétrer un jour dans le règne animal et plus tard dans le règne humain.

135 Lorsque nous meurtrissons un arbre, une plante, l'élémental du végétal ressent la même douleur que nous ressentons lorsque nous meurtrissons n'importe quel des membres de notre corps.

136 Avant de cueillir une plante, on doit tracer un cercle

tout autour de la plante, et la bénir en priant la créature élémentale de nous accorder le service désiré.

137 Autour des plantes rampantes, on trace un triangle, on les bénit puis on les cueille (voir le Traité de médecine occulte et de magie pratique, du même auteur).

138 Les créatures élémentales des végétaux sont totalement innocentes, et comme elles ne sont pas sorties de l'Éden, elles ont tous les terribles pouvoirs des sept serpents ignés.

139 Nous pouvons invoquer l'Ange élémental de l'encens, et il accourra à notre appel avec les créatures des olibans, afin de préparer l'ambiance mystique de nos Rituels gnostiques.

MAGIE ÉLÉMENTALE DE LA MYRRHE
(Myrrha Commiphora Abyssinica)

140 Lorsque nous pénétrons dans le département élémental du baumier porte myrrhe (balsamodendron myrrha), dont on extrait la myrrhe, nous apercevons ces enfants élémentaux vêtus de tuniques et de capes incarnates, heureux dans l'Éden.

141 La myrrhe appartient à l'or spirituel et elle est associée avec l'encens et avec l'or de l'esprit, comme Plérôme ineffable du Nirvana.

142 La science de la myrrhe est la science de la mort.

143 Il faut mourir pour vivre.

144 Il faut perdre tout pour tout gagner.

145 Il faut mourir au monde, afin de vivre pour Dieu.

146 Voilà la magie élémentale de la myrrhe.

147 L'Essence monadique de ce département élémental de la nature est en relation étroite avec le monde de l'Intime.

148 L'or spirituel est à l'intérieur de l'immense creuset du Nirvana.

149 Les monades particulières qui constituent les essences monadiques de chaque département élémental de la nature sont dotées de véhicules de différente densité, et bien qu'elles soient particularisées, nous ne pourrions dire

qu'elles sont individualisées, parce qu'elles ne possèdent pas encore de mental individuel.

150 Elles sont cependant dotées d'intelligence cosmique et d'innocence, de pouvoir et de félicité.

151 Les Deva ou Anges chargés de manier ces essences monadiques revêtues d'un véhicule durant le Mahamanvantara sont leurs protecteurs, leurs instructeurs, et ils remplissent le rôle d'esprits de groupes, chargés de stimuler l'évolution cosmique de ces essences monadiques revêtues de véhicules cosmiques et connues en tant qu'élémentaux de la nature.

152 Les essences monadiques commencent à démontrer une individualité propre lorsqu'elles passent par l'évolution du règne végétal de la nature.

153 Nous ne pourrions pas dire : la monade d'un pin s'est réincarnée dans un homme, mais nous pourrions plutôt dire : la monade de tel homme a été incarnée dans un pin avant de s'être individualisée comme monade humaine.

154 Les essences monadiques doivent évoluer dans les règnes minéral, végétal et animal avant leur individualisation.

155 Nous ne pouvons pas dire que la monade de Descartes a été incarnée dans un arbre, parce que la monade humaine est une monade individualisée et humaine, différente de la monade végétale.

156 Il est cependant correct d'affirmer que la monade de Descartes, avant son individualisation, a été une monade animale, une monade végétale, une monade minérale, etc.

157 Nous entendons, par « monade », l'Intime de tout

élémental minéral, végétal ou animal, et l'Intime de l'être humain, composé d'ATMAN-BOUDDHI-MANAS.

158 Les monades des élémentaux de la nature sont des êtres totalement impersonnels.

159 Les élémentaux de la myrrhe sont des enfants d'une beauté enchanteresse, qui possèdent la félicité du Nirvana.

160 Nos disciples comprendront maintenant pourquoi on offre à l'Enfant-Dieu de Bethléem de l'or, de l'encens et de la myrrhe.

161 L'Arhat qui apprend à manipuler les essences monadiques de tous les départements élémentaux de la nature, apprend à manier la vie universelle.

162 Les essences monadiques de la grande vie fluent et refluent sans cesse, avec les grands rythmes du Feu universel. Toutes ces essences monadiques résident dans les profondeurs de la conscience cosmique, et nous devons apprendre à les manipuler pour travailler dans ce grand atelier de la nature.

164 Toutes les sphères superlatives de conscience cosmique sont classifiées par les Védas selon l'ordre suivant :

165 ATALA est le premier plan émané directement de l'Absolu ; à ce plan appartiennent les hiérarchies des Dhyani Bouddhas, dont l'état est celui du Parasamadhi ou Dharmakaya, dans lequel il ne se produit plus aucun progrès, car ce sont des entités totalement parfaites et qui n'attendent que la Nuit Cosmique pour entrer dans l'Absolu.

166 Le second plan des Védas est appelé VITALA. Dans ce « loka » se trouvent les Bouddhas Célestes que l'on dit émanés des sept Dhyani Bouddhas.

167 Le troisième loka ou plan de conscience est le SUTALA, c'est le plan du son. C'est à ce plan que parvint Gautama dans ce monde. C'est le plan des Hiérarchies des Kumaras et des Agnishvattas.

168 Le quatrième loka des Védas est le TALATALA, le cinquième est le RASATALA, le sixième est le MAHATALA, et le septième est le PATALA.

169 ATALA est le monde du Brouillard de Feu, le Monde de l'Intime.

170 VITALA est le monde de la conscience ; SUTALA, le monde de la volonté ; TALATALA est le monde du mental ; RASATALA est le monde astral ; MAHATALA est le monde éthérique, et PATALA est le monde physique.

171 Dans l'ATALA se trouvent les essences monadiques scintillant comme des étincelles virginales. Dans le VITALA est le Feu sacré de Notre Seigneur Jésus-Christ.

172 Dans le SUTALA, il y a les élémentaux de l'éther universel. Dans le TALATALA, les élémentaux du feu.

173 Dans le RASATALA vivent les élémentaux de l'air. Dans le MAHATALA, les élémentaux aquatiques. Et dans le PATALA, les hommes, les élémentaux animaux et les Gnomes.

174 C'est la classification des vieilles écritures des Védas.

175 Tous nos sept plans cosmiques sont peuplés de créatures élémentales.

176 Les créatures élémentales descendent depuis la région de l'ATALA jusqu'au monde physique pour évoluer à travers les règnes minéral, végétal, animal et humain.

177 La vie descend plan par plan jusqu'au monde physique, et ensuite remonte aux régions ineffables du Nirvana.

178 Tout va et vient, tout flue et reflue, tout monte et descend, tout vient de l'ATALA et retourne à l'ATALA, pour s'immerger à la fin dans le bonheur ineffable de l'Absolu.

179 La myrrhe appartient à la région de l'ATALA, d'où la vie descend pour revenir à nouveau.

180 La myrrhe est la magie du grand ALAYA du monde.

181 Les sept tattvas de la nature sont peuplés de créatures élémentales et ces créatures sont incarnées dans les plantes.

182 Celui qui apprend à manipuler la magie végétale peut manier les tattvas (voir, du même auteur, le Traité de médecine occulte et de magie pratique).

183 Le tattva Akashique est le paradis des étincelles virginales, des substances monadiques du monde de l'Intime.

184 Le tattva Vayu est l'élément des créatures qui agitent les airs.

185 Le tattva Tehas est l'élément des Salamandres du feu.

186 Le tattva Apas est l'élément dans lequel vivent les créatures des eaux.

187 Le tattva Prithvi est l'élément dans lequel vivent les Gnomes de la terre.

188 Toutes ces créatures innocentes sont incarnées dans les plantes, et celui qui connaît la magie des plantes peut alors manier les tattvas de l'univers.

189 Nous pouvons, avec les plantes, apaiser les tempêtes,

délier les ouragans, déchaîner les tourmentes, et faire pleuvoir le feu comme Elie, le Prophète.

190 La myrrhe est en relation avec l'AKASHA qui vit et palpite dans tout le créé.

MAGIE ÉLÉMENTALE DE L'ALOÈS
(Aloe Soecotorina)

191 L'aloès est une plante aux grands pouvoirs occultes.

192 Les élémentaux de cette plante ressemblent à des enfants nouveau-nés.

193 Ces enfants élémentaux sont de véritables « Adamites », pleins d'innocente beauté.

194 Cette plante multiplie ses feuilles charnues sans avoir besoin de l'élément terre ni de l'élément eau.

195 J'ai souvent vu un aloès pendu sur un mur, sans lumière solaire, sans eau et à l'intérieur d'un appartement, et néanmoins la plante continuait à vivre, miraculeusement, reproduisant ses feuilles et même se multipliant.

196 De quoi vit-elle ? De quoi se nourrit-elle ? comment fait-elle pour survivre ?

197 Des investigations clairvoyantes nous ont conduit à la conclusion logique que cette plante se nourrit et vit des rayons ultrasensibles du soleil.

198 Cette plante se nourrit du Christ cosmique, des rayons christiques du soleil.

199 Les cristaux de cette plante sont ni plus ni moins que du soleil liquide, du Christ en substance, du Semen christonique.

200 Les élémentaux de ces plantes ont pouvoir sur toutes choses, et par le moyen de la magie élémentale, nous pouvons utiliser ces élémentaux pour toutes sortes de travaux de Magie Blanche.

201 Avant de cueillir la plante, on doit l'asperger d'eau pour la baptiser.

202 On bénira la plante et on récitera la prière gnostique suivante :

203 « Je crois en le Fils, le Crestos Cosmique, la puissante médiation astrale qui relie notre personnalité physique à l'immanence suprême du Père Solaire ».

204 On devra accrocher à la plante un petit morceau de métal d'argent.

205 On devra ensuite suspendre la plante au mur de notre logement afin qu'avec la splendeur de la lumière christique qu'elle attire du soleil, elle illumine et baigne toute l'atmosphère de la maison, nous remplissant de lumière et de chance.

206 Par le moyen du pouvoir de la volonté, nous pouvons ordonner à l'élémental de l'aloès d'exécuter le travail magique que nous désirons, et cet élémental obéira alors immédiatement.

207 Nul doute que l'on doive chaque jour donner les ordres à l'élémental, pour l'obliger à travailler.

208 Les pouvoirs solaires de cette créature sont réellement formidables. Cependant, quiconque tente d'utiliser les créatures élémentales à des fins malveillantes contractera un horrible karma et il sera sévèrement châtié par la Loi.

209 Les élémentaux de l'aloès sont en relation intime avec les lois de la réincarnation.

210 Le département élémental de l'aloès est en relation intime avec les forces cosmiques chargées de régler la réincarnation humaine.

211 De même que l'aloès peut être arraché de la terre pour être accroché à un mur, c'est-à-dire, peut changer d'ambiance et continuer à vivre, de la même manière l'être humain peut être arraché de la terre et changé de milieu afin de continuer à vivre, c'est la loi de la réincarnation.

212 Nous pouvons vérifier cette loi même physiquement.

213 Il existe, dans les forêts des climats tropicaux, un insecte connu sous le nom de cigale.

214 Genre d'insectes hémiptères de couleur vert jaune ; la cigale fait entendre, durant les chaleurs de l'été, un bruit strident et monotone, au moyen d'un organe particulier que le mâle possède sur la partie inférieure de l'abdomen.

215 En Colombie, on donne à cet insecte le nom vulgaire de « Chicharra ».

216 C'est une croyance commune chez les gens que ce petit animal s'éreinte à chanter puis meurt. Toutefois, la réalité est différente.

217 Ce qui arrive, c'est que ce petit animal abandonne sa chitine, « substance organique constituant le squelette des animaux articulés ».

218 L'insecte pratique une ouverture dans la région dorsale du thorax et sort par là, revêtu d'un nouveau corps plein de vie.

219 Cet animalcule est immortel et se réincarne sans fin dans la vie.

220 Le Maître Huiracocha, parlant de l'aloès, dit, dans le livre « Plantes Sacrées » (Plantas Sagradas, éditions Argentina, 1947, p 137), ce qui suit :

221 « Les voyageurs qui se rendent en Orient verront, au-dessus des portes des maisons turques, une peau de crocodile et une plante d'aloès, puisque les deux, leur dit-on, garantissent une longue vie ».

222 En examinant attentivement ce symbole, nous découvrons qu'il représente la réincarnation.

223 Le Livre des Morts des Égyptiens dit textuellement :

224 « Je suis le crocodile sacré Sébek, je suis la flamme des trois chandelles, et mes chandelles sont immortelles. J'entre dans la région de Sekem, j'entre dans la région des flammes qui ont dispersé mes adversaires ».

225 Le crocodile sacré Sébek symbolise l'Intime, et si nous mettons à côté l'aloès, nous aurons l'Intime avec ses trois bougies, c'est-à-dire la Triade divine, se réincarnant sans cesse pour atteindre la perfection.

226 La réincarnation est pour les uns une croyance, pour les autres une théorie, pour plusieurs une superstition, etc., mais pour ceux qui se souviennent de leurs vies passées, la réincarnation est un fait.

227 En ce qui me concerne personnellement, je me rappelle toutes mes vies passées, avec autant de facilité qu'on peut se rappeler l'heure à laquelle nous sommes allés déjeuner ou dîner. Ils pourraient venir me dire, tous les savants du monde, que je me trompe ; je rirais d'eux, tout simplement,

et les regarderais avec compassion, car comment ferais-je pour oublier ce dont je me souviens ?

228 La réincarnation est pour moi un fait.

229 J'ai connu l'aurore de la vie sur la terre et je suis sur cette planète depuis l'époque Polaire.

230 J'ai été témoin de la sortie de l'Éden, et je puis certifier que la causa causorum de la perte des pouvoirs intérieurs de la race humaine fut la fornication.

231 Dans la Lémurie, les tribus vivaient dans des villages de cabanes, et les soldats de ces tribus dans des casernes.

232 Les armes de ces soldats étaient constituées de flèches et de lances.

233 Dans une seule gigantesque cabane vivait toute une tribu.

234 La relation sexuelle avait lieu uniquement dans les immenses cours des temples, à des époques déterminées de l'année, et sur l'ordre des Anges.

235 Cependant, les Lucifers éveillèrent en nous la soif passionnelle, et nous nous livrâmes à la fornication à l'intérieur des habitations.

236 J'assistai à la sortie de l'Éden, je fus témoin de la sortie du Paradis, et c'est pour cela que je rends témoignage de tout ce que j'ai vu et entendu.

237 Je me rappelle encore comment nous fûmes chassés de la Loge Blanche lorsque nous avons forniqué.

238 Les grands Hiérophantes des Mystères Majeurs nous ont expulsés de la cour de leurs temples lorsque nous avons mangé du fruit défendu.

239 Depuis lors, nous, tous les êtres humains, avons roulé à travers des millions de naissances et de morts, aussi nombreuses que les grains de sable de la mer.

240 Le plan des Anges était qu'aussitôt que l'homme acquerrait un cerveau, et une gorge pour parler, il cesserait d'avoir un commerce sexuel avec la femme.

241 C'était le plan des Anges, mais les Lucifers gâchèrent ce plan et alors l'homme s'enfonça dans l'abîme.

242 On envoya un Sauveur à l'humanité, mais en vérité, il est triste de le dire, l'évolution humaine échoua.

243 Durant les époques Polaire, Hyperboréenne et au début de la Lémurie, les êtres humains étaient hermaphrodites, et la reproduction s'effectuait par « spores » qui se détachaient des mollets.

244 L'homme utilisait les deux pôles, positif et négatif, de son énergie sexuelle, pour créer par sporulation.

245 Avec la division en sexes opposés, l'homme a dû réserver un des pôles de son énergie sexuelle pour former le cerveau et la gorge.

246 Il y eut alors nécessité de la coopération sexuelle pour la reproduction de la race.

247 L'acte sexuel s'effectuait alors sous la direction des Anges, à des époques déterminées de l'année.

248 Le plan des Anges était qu'aussitôt que le cerveau et la gorge seraient construits, l'homme poursuivrait alors son évolution en créant son corps avec le pouvoir du Verbe.

249 Je fus témoin de toutes ces choses, et c'est pourquoi la réincarnation est pour moi un fait.

250 J'ai connu la Magie Sexuelle ténébreuse et tantrique que prêchent Cherenzi et Parsifal Krumm-Heller, je l'ai vu exercer par tous les magiciens noirs de l'Atlantide, et c'est à cause de cela que le continent Atlante a sombré dans de grands cataclysmes.

251 J'ai connu les Égyptiens et les Romains, et par les portes de l'antique Rome des Césars, j'ai souvent vu sortir Néron assis dans sa litière portée sur les épaules de ses esclaves.

252 Cela fait plus de dix-huit millions d'années que les êtres humains évoluent dans cette roue des naissances et des morts.

253 Mais il est triste, très triste, de le dire : la vérité est que l'évolution humaine a échoué.

254 Seul un très petit groupe d'âmes pourra se réincarner dans l'ère lumineuse du Verseau.

255 Je connais trop bien les pseudo-spiritualistes théoriseurs du monde. Et je sais d'avance qu'ils riraient de mon affirmation, me croyant ignorant. Pauvres malheureux. Je sais par cœur toutes leurs théories, je connais toutes leurs bibliothèques, et je puis assurer que la majeure partie des spiritualistes de ces sociétés, écoles, ordres, etc., marchent sur le chemin noir.

256 Cela semble incroyable, mais parmi les humbles campagnards et les gens simples, parmi ceux qui n'ont

jamais dévoré de théories, de ces « nourritures sépulcrales », il y a des âmes véritablement lumineuses, des âmes des millions de fois plus évoluées que ces dévots qui sourient béatement devant l'auditoire de toutes ces « écoles » de perroquets du spiritualisme profane le plus enraciné.

257 Les Anges qui régissent la loi de la Réincarnation sont en relation intime avec ce département élémental de l'aloès.

258 Le Mantra de cet élémental est la voyelle M.

259 La prononciation correcte de cette voyelle se fait en allongeant le son, les lèvres fermées.

260 Ce son ressemble au mugissement du bœuf.

261 Cependant, je ne veux pas dire que l'on doive imiter le bœuf.

262 Étant articulé les lèvres fermées, le son sortira donc par le nez.

263 Tout être humain peut se rappeler ses vies passées au moyen de l'exercice de rétrospection.

264 Vous pouvez chaque jour faire un exercice rétrospectif pour vous rappeler minutieusement tous les incidents qui ont eu lieu la veille, tous les événements qui sont arrivés, dans l'ordre inverse, huit jours avant, quinze jours, un mois, deux mois, un an, dix, vingt ans auparavant, jusqu'à vous rappeler avec précision toutes les circonstances des premières années de votre enfance.

265 Il arrivera qu'au moment où l'étudiant atteindra, durant son exercice rétrospectif, les trois ou quatre premières années de sa vie, cela lui deviendra très difficile de se

rappeler les événements de ces premières années de l'enfance.

266 En parvenant donc à cet endroit, l'étudiant pratiquera son exercice dans ces instants de transition entre la veille et le sommeil.

267 Et alors, dans des visions de rêve, il se rappellera minutieusement tous les détails de son enfance, parce que durant le sommeil nous entrons en contact avec le subconscient où sont emmagasinés tous nos souvenirs.

268 Ce procédé de rétrospection interne, tirant profit de l'état de transition entre la veille et le sommeil, pourra être prolongé jusqu'à ce que l'on se rappelle ces instants qui ont précédé la mort de notre corps physique passé, les dernières scènes douloureuses, et en poursuivant l'exercice rétrospectif, nous allons nous souvenir de toute notre réincarnation passée et de toutes celles qui l'ont précédée.

269 Cet exercice de rétrospection profonde, interne et subtile, nous permet de nous rappeler toutes nos vies passées.

MAGIE ÉLÉMENTALE DU STYRAX
(Liquidambar Orientalis)

270 Le styrax symbolise la Sagesse et la Justice.

271 Le Mantra de cet arbre est TOLIPHANDO.

272 Le département élémental du styrax se trouve en relation intime avec les activités du karma.

273 Le département élémental du styrax est dirigé par les Seigneurs du karma.

274 Les Seigneurs du karma sont chargés de noter exactement dans leurs livres toutes nos dettes.

275 Lorsque nous avons du capital avec quoi payer, nous payons, et nos affaires vont bien.

276 Mais quand nous n'avons pas de capital avec quoi payer, nous devons alors inévitablement payer avec de la douleur.

277 Fais de bonnes œuvres, pour que tu paies tes dettes.

278 On paie non seulement du karma pour le mal que l'on fait, mais aussi pour le bien qu'on a omis de faire, et qu'on aurait pu faire.

279 L'Amour est Loi, mais l'Amour Conscient.

280 On peut également payer beaucoup de karma, annuler beaucoup de dettes en pratiquant la Magie Sexuelle, car le sang de l'agneau efface les péchés du monde.

281 Nous pouvons aussi solliciter des crédits aux Seigneurs du karma, mais ces crédits, il nous faut les payer en nous sacrifiant pour l'humanité.

282 Toutes ces négociations se règlent avec les Seigneurs du karma, en parlant avec eux personnellement dans les mondes internes.

MAGIE ÉLÉMENTALE DE LA MENTHE
(Mentha Piperita)

283 Le département élémental de la menthe est en relation intime avec les trois Runes AR, TYR et MAN.

284 La première Rune, AR, représente Dieu à l'intérieur de l'homme, les forces divines agissant au-dedans de l'être humain et l'autel sacré de la vie.

285 La seconde Rune, TYR, représente la Trinité divine se réincarnant à travers la roue des naissances et des morts.

286 La troisième Rune, MAN, représente l'homme.

287 L'Ange qui gouverne la menthe nous aide à passer des ténèbres à la lumière.

288 Les hiérarchies en relation avec ce département élémental de la menthe agissent en conduisant les âmes qui se réincarnent sur le chemin étroit qui mène jusqu'à la matrice.

289 Les hiérarchies divines de la menthe synthétisent leurs activités dans les trois runes IS, RITA et GIBOR.

290 IS est le Phallus qui renferme tout le pouvoir des forces sexuelles.

291 RITA est la rose, qui représente la Justice divine.

292 GIBOR est la lettre G de la génération.

293 C'est sur ces trois lettres fondamentales que se fonde

l'activité de ces grands êtres en relation avec le département élémental de la menthe.

294 Tout le processus scientifique de la réincarnation, tout le processus biologique de la conception fœtale, est sagement dirigé par ces Anges en relation avec le département élémental de la « bonne herbe » de menthe.

295 Le passage du spermatozoïde masculin à travers l'étroit chemin de la trompe de Fallope est très semblable à ce passage étroit et resserré qui va des ténèbres à la lumière.

296 Dans les antiques temples de Mystères, le néophyte parvenait à l'autel du temple après avoir traversé un chemin étroit et resserré qui le conduisait des ténèbres à la lumière.

297 Les hiérarchies en relation avec la menthe dirigent scientifiquement et en accord avec la Justice cosmique tous les processus biologiques de la reproduction de la race.

298 Les Anges qui gouvernent ce département élémental de la nature nous conduisent sagement par l'étroit passage des temples de Mystères, en nous guidant jusqu'à l'autel de l'Illumination.

299 La menthe est en relation intime avec les Archives Akashiques de la nature.

300 Les Mantras de la menthe nous permettent de nous rappeler nos réincarnations passées.

301 Ces Mantras sont RAOM-GAOM. Vous pouvez vocaliser ces Mantras mentalement, durant les exercices rétrospectifs, en profonde méditation, pour vous rappeler vos vies passées.

302 Les Mantras RAOM-GAOM nous permettent d'ouvrir les archives scellées de la mémoire de la nature pour nous

rappeler toutes nos réincarnations passées.

303 Voilà la magie élémentale de la menthe.

304 À plusieurs disciples, cela semblera singulier, voire même étrange, que je mette en relation la menthe avec la loi de la réincarnation et avec les processus biologiques de la conception humaine.

305 Hermès Trismégiste, cité par H.P. Blavatsky dans son premier volume de La Doctrine secrète, dit textuellement :

306 « La création de la vie par le soleil est aussi continue que sa lumière ; rien ne l'arrête ni ne la limite.
Autour de lui, à la manière d'une armée de satellites, existent d'innombrables chœurs de génies.

Ceux-ci résident au voisinage des immortels, et à partir de là ils veillent sur les choses humaines.

Ils accomplissent la volonté des dieux (karma) au moyen de tempêtes, calamités, transitions de feu et de tremblements de terre ; au moyen, également, de famines et de guerres, pour le châtiment de l'impiété.

Le soleil conserve et nourrit toutes les créatures ; et ainsi que le monde idéal qui entoure le monde sensible remplit ce dernier de la plénitude et de la variété universelle des formes, de la même façon le soleil, comprenant tout dans sa lumière, réalise partout la naissance et le développement des créatures. Sous ses ordres se trouve le chœur des Génies, ou plutôt les chœurs, car il y en a beaucoup et de toutes sortes, et leur nombre correspond à celui des étoiles. Chaque étoile possède ses génies, bons et mauvais par nature, ou plutôt par leur action : car l'action est l'Essence des génies. Tous ces génies président aux affaires mondaines ».

307 « Ils ébranlent et renversent la constitution des états et des individus ; ils impriment leur ressemblance dans nos âmes, ils sont présents dans nos nerfs, dans notre moelle, dans nos veines, dans nos artères et dans notre substance cérébrale même.

Au moment où l'un de nous reçoit la vie et l'existence, il est pris en charge par les génies élémentaux qui président aux naissances et qui se trouvent classifiés au-dessous des pouvoirs astraux (Esprits Astraux surhumains).

Ils changent perpétuellement, pas toujours d'une façon identique, mais en tournant en cercles (progrès cyclique dans le développement).

Ils imprègnent, par le moyen du corps, deux portions de l'âme, afin que celui-ci puisse recevoir de chacune l'impression de sa propre énergie.

Mais la partie divine de l'âme ne se trouve pas sujette aux génies, elle se trouve désignée pour recevoir le Dieu (l'Intime) qui l'illumine avec un rayon de soleil.

Ceux qui ont été ainsi illuminés sont peu nombreux et les génies s'éloignent d'eux (c'est ainsi que l'homme se libère du karma), car ni les génies ni les dieux ne possèdent de pouvoir en présence d'un seul rayon de Dieu.

Mais tous les autres hommes, tant dans le corps que dans l'âme, sont dirigés par des génies à qui ils sont rattachés et aux actions desquels ils sont affectés.

Les génies possèdent donc la domination des choses mondaines, et nos corps leur servent d'instrument ».

308 Ces génies élémentaux de la nature sont appelés, en Inde, Bhuts, Deva, Shaitan, Djinn.

309 Tous ces grands êtres sont des fils du Brouillard de Feu, ils sont l'Armée de la Voix, ce sont des êtres parfaits.

310 Tout ce qui existe dans l'univers a poussé de leurs semences.

311 Les semences de tout ce qui existe sont les essences monadiques de la Brume de Feu.

312 Lorsque le cœur du système solaire commence à palpiter après la grande Nuit Cosmique, les atomes « dévorateurs » de la Brume de Feu désagrègent tous les atomes des essences monadiques pour que d'eux surgisse la vie élémentale des quatre règnes de la nature.

313 Chaque atome de la nature est le corps d'une étincelle virginale qui évolue sans cesse à travers le temps et l'espace.

314 Ces étincelles virginales sont les monades divines qui constituent la pépinière du Cosmos.

315 Ces étincelles virginales dans leur ensemble sont appelées essences monadiques.

316 Chacun des atomes de notre corps physique et de nos corps internes est la vive incarnation des étincelles virginales.

317 Toutes ces étincelles virginales évoluent et progressent sous la direction des Anges.

318 Nos disciples comprendront maintenant pourquoi les

Anges de la menthe dirigent tous les processus de la gestation fœtale et de la reproduction raciale.

319 Il existe trois aspects de l'évolution cosmique qui, sur notre terre, se trouvent partout confondus et entrelacés.

320 Ces trois aspects sont : l'évolution monadique, l'évolution mentale et l'évolution physique.

321 Cependant, les essences monadiques en progression évolutive sont la base fondamentale du développement mental et physique.

322 Au fur et à mesure que les essences monadiques évoluent, toute la grande nature se transforme progressivement.

323 Chacun de ces trois courants évolutifs est dirigé et gouverné par des groupes différents de DHYANIS ou LOGOS.

324 Ces groupes d'êtres divins se trouvent représentés dans notre constitution humaine.

325 Le courant monadique en conjonction avec la grande vague évolutive du mental représentée par les MANASA-DHYANIS (les Deva Solaires, ou les PITRIS-AGNISHVATTAS) et avec l'évolution du monde physique, représentée par les CHHAYAS des PITRIS lunaires, constituent ce que l'on appelle l'homme.

326 La nature, pouvoir physique évoluant, ne pourrait jamais acquérir de conscience ni d'intelligence sans l'aide de ces Anges divins.

327 Les MANASA-DHYANIS sont ceux qui dotent l'être humain d'entendement et d'intelligence.

328 Chaque atome virginal du règne minéral est le corps

physique d'une monade divine qui aspire à se convertir en homme.

329 Dans le premier volume de La Doctrine secrète de H.P. Blavatsky, nous lisons le commentaire suivant :

330 « Chaque forme sur la terre, chaque point (atome) dans l'espace, travaille en s'efforçant dans sa propre formation de suivre le modèle placé pour lui dans l'homme céleste.
Son (de l'atome) involution et évolution, son déploiement et développement extérieur et intérieur, a un seul et même objet, l'homme ; l'homme en tant que la forme physique la plus élevée et ultime sur cette terre ; la monade dans sa totalité absolue et sa condition éveillée en tant que culmination des incarnations divines sur la terre ».

331 Tous les élémentaux animaux, végétaux et minéraux se convertiront en hommes dans les périodes de Jupiter, Vénus et Vulcain.

332 En dernière analyse, nos quatre corps inférieurs sont tous formés d'élémentaux atomiques ou consciences atomiques gouvernées par les Deva ou Anges de la nature.

333 Notre vie individuelle est totalement en relation avec la vie universelle.

334 Et la vie interne des plantes est au-dedans de nous-mêmes.

335 Et les régents des différents départements élémentaux de la nature sont à l'intérieur de nous-mêmes, dirigeant tous nos processus biologiques et tous nos processus conscientifs et mentaux.

336 Les quatre saisons de l'année sont à l'intérieur de nous-mêmes, elles se répètent dans notre conscience interne.

337 Ainsi donc, il est impossible de séparer notre vie du grand Océan de la vie universelle, et avec une simple herbe nous pouvons souvent déchaîner une tempête et faire trembler la terre, car la vie d'une herbe insignifiante est reliée à toutes les vies de cette grande vie universelle.

338 Une force est tout à fait reliée à toutes les forces de la création.

339 La vie de chacune des plantes de la nature se répète au-dedans de nous-mêmes, et la somme totale de toutes ces parties additionnées constitue ce que nous appelons l'homme.

MAGIE ÉLÉMENTALE DU FIGUIER
(Ficus Carica ou Ficus Communis)

340 « Et apercevant un figuier près du chemin, il s'en approcha, mais n'y trouva rien que des feuilles ; il lui dit alors : Jamais plus tu ne porteras de fruit. Et le figuier devint aussitôt sec » (Mathieu 21:19).

341 Le département élémental du figuier appartient aux forces sexuelles.

342 Le Mantra des élémentaux des figuiers est AFIRAS.

343 Les hiérarchies en relation avec ce département élémental de la nature sont celles qui appliquent le karma aux fornicateurs.

344 Les fornicateurs seront jetés dans le lac de feu et de soufre brûlant, ce qui est la « seconde mort ».

345 « ...L'arbre qui ne donne pas de fruit, on le coupe et on le jette au feu » (Luc 3:9).

346 Le pouvoir grandiose de la Sexualité réside dans la Kundalini.

347 Il existe sept forces cosmiques :

348 La première : la force du GLORIAN.
La seconde : PARA-SHAKTI (lumière et chaleur).
La troisième : JNANA-SHAKTI (sagesse, intelligence).
La quatrième : ICHA-SHAKTI (volonté).
La cinquième : KRIYA-SHAKTI (le « Mental Christique »).

La sixième : KUNDALINI-SHAKTI (les Sept Couleuvres).
La septième : MANTRIKA-SHAKTI (le pouvoir du Verbe).

349 Dans la Kundalini Shakti se trouvent renfermées toutes les Sept Forces Cosmiques, et la Kundalini se trouve renfermée dans la force sexuelle du membre viril et de la vulve.

350 L'union du Phallus et de l'Utérus constitue le secret pour éveiller la Kundalini.

351 La Kundalini évolue et progresse à l'intérieur de l'aura du Logos Solaire.

352 De l'évolution de la Kundalini dépend l'évolution des six forces restantes.

353 Tout le pouvoir du mental, tout le pouvoir de la lumière et de la chaleur, tout le pouvoir du Verbe et de la volonté, sont contenus dans le Serpent Sacré, dont le pouvoir réside dans le Phallus et l'Utérus.

354 L'arbre qui ne donne pas de fruit est coupé et jeté au feu. Les fornicateurs sont des figuiers stériles que l'on coupe et jette au feu.

355 Le figuier symbolise les forces sexuelles féminines, que nous devons apprendre à manier.

356 Le coq et le figuier représentent les forces sexuelles.

357 Voilà pourquoi, dans le drame du Calvaire, ne pouvait manquer le coq de la Passion.

358 Le figuier représente uniquement les forces sexuelles féminines.

359 Il est impossible de se réaliser à fond sans l'Alchimie

des forces sexuelles féminines.

360 Le Christ, en sa qualité de Christ Cosmique, a dit : « Je suis la porte. Celui qui entrera par moi sera sauvé ; il entrera, et il sortira et il trouvera sa pâture » (Jean 10:9).

361 Cette substance christonique du Sauveur du Monde est déposée dans notre Semen christonique, et c'est pour cela que la porte d'entrée à l'Éden est dans nos organes sexuels.

362 Par le moyen de l'Alchimie Sexuelle, nous transmutons le Semen christonique en énergie christique extrêmement subtile, avec laquelle nous formons dans notre corps astral un véhicule subliminal, un corps astral supérieur, qui est le « Moi-Christ » (Voir à ce sujet notre livre : L'Alchimie Sexuelle).

363 Ce Moi-Christ, formé avec l'Essence même du Sauveur du monde, est la porte d'entrée aux grands Mystères du Feu.

364 Les Mystères du Feu ne peuvent être connus qu'en entrant par la porte de l'Éden.

365 Il est complètement impossible de pénétrer dans les grands Mystères du mental sans avoir auparavant formé le Moi-Christ dans notre corps astral (Voir notre livre intitulé Les Sept Paroles).

366 Le Christ et Jéhovah doivent être formés en nous, pour pénétrer dans les grandes Initiations du Feu.

367 Jéhovah, en nous, est l'Esprit-Saint, qui résulte des incessantes transformations de notre Semen christonique.

368 Le Christ et Jéhovah vivent au-dedans de nous en tant que substances séminales.

369 L'Illumination des Maîtres vient de l'Esprit-Saint.

370 Le Seigneur Jéhovah est en nous l'Esprit-Saint, dont l'omniscience nous illumine intérieurement.

371 Nous devons former le Christ et Jéhovah pour pouvoir entrer au Nirvana.

372 Tous les pouvoirs occultes d'un Maître viennent de la substance christique et de l'Illumination du Saint-Esprit en nous.

373 Cependant, nous ne devons pas oublier que chacun de nous est au fond une étoile.

374 Cette étoile qui brûle en nous, c'est le Père, dont nous devons absorber la divine Individualité pour compléter la parfaite Trinité divine.

375 Il faut former en nous le Père, le Fils et le Saint-Esprit.

376 Le Christ et Jéhovah résident en nous en tant que substances séminales.

377 Le Seigneur Jéhovah se forme en nous avec la transmutation du Semen.

378 Les pouvoirs omniscients de l'Adepte sont renfermés dans l'Esprit-Saint.

379 Le Seigneur Jéhovah est une divine entité remplie d'omniscience et de pouvoir.

380 Cette substance du Seigneur Jéhovah est partout répandue, de même que la substance christonique du Logos Solaire.

381 Former Jéhovah en nous, c'est former en nous l'Esprit-Saint.

382 L'Esprit-Saint donne au Maître sagesse et pouvoirs magiques.

383 Ainsi donc, le Seigneur Jéhovah et Notre Seigneur le Christ sont en même temps des entités individuelles et des essences cosmiques emmagasinées dans le Semen.

384 Il est infiniment regrettable qu'il n'y ait pas eu jusqu'à maintenant d'occultistes avancés pour expliquer qui est le Seigneur Jéhovah.

385 Max Heindel a commis l'erreur de considérer Notre Seigneur Jéhovah comme une entité divine du passé.

386 H.P. Blavatsky a considéré Jéhovah comme Ilda-Baoth, nom composé d'Ilda, enfant, et Baoth, ce dernier mot signifiant œuf et chaos, vide ou désolation : donc, l'enfant né de l'œuf du chaos, de même que Brahma, et Jéhovah, selon Mme Blavatsky, est simplement l'un des Elohim, l'un des sept esprits créateurs et l'une des Séphiroth inférieures.

387 Ces vagues explications que H.P. Blavatsky et Max Heindel donnent sur Jéhovah ne comblent réellement pas les anxieuses aspirations de l'âme.

388 Huiracocha croit que Jéhovah est seulement les cinq voyelles I, E, O, U (ou), A, ce qui s'avère parfaitement absurde.

389 C'est très bien que nous mettions Jean en relation avec les cinq voyelles I, E, O, U, A, mais Jéhovah est autre chose. Jéhovah est une entité divine, Jéhovah est Semen transmuté. Jéhovah est l'Esprit-Saint en nous.

390 Le divin Rabbi de Galilée, parlant de l'Esprit-Saint, a dit ceci : « Eh bien ! Moi, je vous le dis : Demandez et l'on vous

donnera ; cherchez et vous trouverez ; frappez et l'on vous ouvrira.
Car quiconque demande, reçoit ; et celui qui cherche, trouve ; et à qui frappe, on ouvre.
Quel est d'entre vous le père, si son fils lui demande du pain, qui lui donnera une pierre ? Ou s'il demande un poisson, à la place d'un poisson, lui remettra un serpent ?
Ou encore, s'il demande un œuf, lui donnera un scorpion ?
Donc, si vous, qui êtes mauvais, savez donner de bonnes choses à vos enfants, combien plus votre Père céleste donnera-t-il l'Esprit-Saint à ceux qui l'en prient ! » (Luc 11:9-13).

391 Tous les pouvoirs magiques du Maître sont dus à l'Esprit-Saint.

392 L'Esprit-Saint nous donne sagesse et pouvoirs magiques.

393 L'Esprit-Saint est pur Semen transmuté.

394 Lorsque la Kundalini parvient au Brahmarandhra et qu'elle sort vers le monde extérieur par la fontanelle frontale des nouveau-nés, elle assume avec ses atomes omniscients la figure mystique de la blanche colombe de l'Esprit-Saint, qui flotte au milieu des grandes flammes du Feu Sacré.

395 Cette blanche colombe confère à l'Adepte sagesse et pouvoirs magiques.

396 Ces atomes incomparables de la Kundalini, avec lesquels nous formons en nous le Saint-Esprit, ont été déposés par le Seigneur Jéhovah dans notre Semen christonique, dès l'aurore de la vie sur cette planète.

397 De même que dans nos veines nous portons le sang de nos pères, ainsi portons-nous dans notre Semen les essences sacrées du Christ, de Jéhovah, et du Père.

398 Avec la substance christique, nous formons le Moi-Christ avec lequel nous remplaçons le « moi-animal ».

399 Avec la substance séminale de Jéhovah, nous formons l'Esprit-Saint en nous, grâce auquel nous acquérons la sagesse occulte et les pouvoirs divins.

400 Avec la substance séminale du Père, nous renforçons l'Intime, pour former le Père en nous.

401 C'est ainsi que nous formons le Père, le Fils et le Saint-Esprit en nous et que nous nous convertissons en majestés terribles de l'univers.

402 Tous les mystères de l'électricité, du magnétisme, de la polarité, de la lumière et de la chaleur se trouvent contenus dans nos organes sexuels.

403 Tout le septénaire de l'homme s'absorbe totalement à l'intérieur de notre Triade éternelle.

404 Tout le septénaire est synthétisé dans la divine Triade : Atman-Bouddhi-Manas.

405 Le Moi-Christ s'absorbe dans la conscience superlative de l'Être, dans l'Âme de Diamant, dans la Bouddhi.

406 L'Esprit-Saint en nous, s'absorbe dans le corps de la volonté, Manas Supérieur ou corps causal.

407 Et l'Essence séminale extrêmement pure du Père s'absorbe dans l'Intime, pour former le Père en nous.

408 C'est ainsi que le septénaire humain se réduit à une

Triade parfaite, dont le véhicule d'expression concrète est constitué par le Bodhisattva humain (l'ego astral du Maître).

409 En Orient, on dit que les Bouddhas sont doubles.

410 Il y a l'homme céleste et l'homme terrestre.

411 Il y a les Bouddhas terrestres et les Bouddhas de contemplation.

412 Cinquante ans après sa désincarnation, Bouddha envoya sur la terre son âme humaine ou Esprit-Saint, enfermé et absorbé dans son Manas Supérieur, afin qu'il se réincarne et qu'il termine son œuvre.

413 Cette mission, son Bodhisattva l'a accomplie, sous la direction de Sankara-Charia.

414 Sankara était un rayon de lumière primitive, il était une flamme.

415 Sankara enveloppa la doctrine bouddhique de la philosophie Advaïta.

416 C'est ainsi que le Bodhisattva astral de Bouddha termina l'œuvre du Maître intérieur.

417 Un Bodhisattva est formé de l'Esprit-Saint d'un Maître, revêtu des quatre corps inférieurs.

418 Ceci est le plus grand mystère de la personnalité humaine.

419 Ceci est le mystère de la double personnalité humaine. C'est l'un des mystères les plus grands de l'occultisme.

420 Le Maître Intérieur peut envoyer son Esprit-Saint sur la terre afin que, enveloppé d'un corps mental, astral, vital et physique, il réalise quelque mission importante.

421 Le Christ, le divin Rédempteur du Monde, a envoyé, après sa mort terrestre, son Bodhisattva humain, mais les hommes ne l'ont pas connu.

422 Cependant, dans l'Ère du Verseau, la Triade christique se réincarnera de façon intégrale pour enseigner à l'humanité l'Ésotérisme christique.

423 Le mouvement gnostique aura alors donné ses fruits et toute l'humanité aquarienne sera prête pour entendre les dernières explications du Maître.

424 Il faut distinguer ce que sont les Avatars de ce qu'est le Sauveur.

425 Jean-Baptiste fut l'Avatar des Poissons et je suis l'Avatar du Verseau.

426 Le Sauveur du Monde n'est pas l'Avatar, il est davantage que tous les Avatars, il est le Sauveur.

427 Nous, les Avatars, nous sommes seulement les instructeurs et les fondateurs d'une nouvelle ère.

428 Le Christ est bien plus que tous les instructeurs, il est le Sauveur.

429 Les hiérarchies en relation avec le département élémental du figuier sont chargées d'appliquer le karma à tous ces pervers, sodomites, et à tous ces dégénérés sexuels qui sont tellement nombreux dans l'humanité.

430 Le nom de l'Ange qui gouverne ce département élémental de la nature est Najera.

431 Les élémentaux de ce département élémental du figuier portent une tunique blanche, et ce sont des enfants d'une extraordinaire beauté.

432 Cette tunique blanche représente la chasteté et la sainteté.

433 Les membres de toutes les écoles spiritualistes détestent la chasteté, et ils l'éludent habilement en cherchant une échappatoire par la fausse porte de leurs théories.

434 Leur faiblesse même, leur manque de force de volonté, leur fait chercher des échappatoires extrêmement subtiles pour éviter le problème de la chasteté.

435 Certains même commencent les pratiques de Magie Sexuelle, mais ils succombent bientôt devant les exigences passionnelles de leur conjoint fornicateur.

436 C'est pour cela que nous, les Gnostiques, nous affirmons : « Notre devise est Thelema » (Volonté).

437 Tous ces spiritualistes fornicateurs sont des magiciens noirs, car ils désobéissent au commandement donné par le Seigneur Jéhovah, dans ces versets de la Genèse :

438 « Et Jéhovah Dieu fit à l'homme ce commandement : de tous les arbres du Jardin tu peux manger.

Mais de l'arbre de la connaissance du bien et du mal tu ne mangeras pas ; car le jour où tu en mangeras, tu mourras » (Genèse 2:16-17).

439 Les pervers sectateurs de tous les pseudo-spiritualistes et théoriseurs du mysticisme professionnel mondial ne pourront passer outre à cet ordre du Seigneur Jéhovah.

440 L'ordre du Seigneur Jéhovah doit être exécuté, coûte que coûte.

441 Les fornicateurs sont des figuiers stériles, « des arbres

sans fruit, que l'on coupe et jette au feu » (Luc 3:9).

Le Mental et la Sexualité

1 Tout ce qui a été écrit sur le mental a été seulement un préliminaire pour l'étude sacrée de la « Rose Ignée ».

2 Vivekananda est celui qui a parlé le plus clairement sur le mental, mais ses enseignements sont tout juste des notions préliminaires pour les études sérieuses de l'entendement.

3 Le mental est en relation intime avec la sexualité, et il est impossible d'étudier le mental sans étudier le problème sexuel.

4 Il existe d'innombrables étudiants en occultisme qui se consacrent au Yoga ou aux enseignements de Krishnamurti, mais comme ces pauvres êtres forniquent sans cesse, ils n'obtiennent rien et perdent misérablement leur temps.

5 Il est impossible de séparer le mental de la sexualité ; le mental et le sexe sont en relation étroite, et si nos disciples veulent convertir le mental-matière en mental-Christ, ils doivent remplir leur calice (le cerveau) avec le vin sacré de la lumière (le Semen).

6 Il est tout à fait impossible de christifier le mental si nous continuons à forniquer.

7 Pour transformer le mental, il faut pratiquer intensément la Magie Sexuelle.

8 Par le moyen de la Magie Sexuelle, nous remplissons notre mental d'atomes transformateurs de très haut voltage.

9 C'est ainsi que nous préparons notre corps mental pour l'avènement du Feu.

10 Lorsque le serpent igné du corps mental a converti le mental-matière en mental-Christ, nous nous affranchissons alors des quatre corps de péché.

11 Cependant, nos disciples célibataires peuvent parvenir aux grandes initiations avec la terrible force du sacrifice.

12 L'abstention sexuelle est un formidable sacrifice.

13 François d'Assise s'est christifié totalement par le moyen du sacrifice.

14 Les célibataires concentreront leur volonté et leur imagination, unies en vibrante harmonie, sur les glandes sexuelles, et ils feront monter leur force sexuelle depuis les glandes sexuelles jusqu'au cerveau, en suivant le cours de la colonne vertébrale.

15 Ils conduiront ensuite l'énergie sexuelle à l'espace entre les sourcils, au cou et au cœur, dans l'ordre successif.

16 Durant cette pratique, nos disciples chanteront les Mantras suivants :

17 KANDIL BANDIL Rrrrr.

18 On vocalise ainsi ces Mantras : KAN à voix haute et DIL à voix basse, BAN à voix haute et DIL à voix basse. La lettre R se prononce en allongeant le son et sur un ton aigu, imitant le son produit par les grelots du serpent à sonnettes.

19 Ce sont les Mantras les plus puissants que l'on connaisse dans tout l'infini pour l'éveil de la Kundalini.

20 Ces disciples qui, à cause de circonstances en dehors de leur volonté, ne peuvent pratiquer la Magie Sexuelle avec leur épouse-prêtresse, doivent alors jurer chasteté éternelle, et ne pas s'unir à une femme de toute l'éternité.

21 Les disciples célibataires féminins feront les mêmes pratiques de transmutation sexuelle que nous avons données pour les disciples célibataires masculins.

22 Nos disciples mariées pratiqueront la Magie Sexuelle avec leur mari.

23 Lorsque, à cause de circonstances étrangères à leur volonté, elles ne peuvent pratiquer la Magie Sexuelle avec leur mari, elles s'abstiendront alors totalement de tout rapport sexuel afin d'éveiller leur Kundalini par la force du sacrifice, et elles pratiqueront la clef de transmutation que j'ai donnée pour les célibataires.

24 Toute flamme a besoin d'un combustible pour brûler.

25 La flamme sacrée de notre chandelier a aussi son combustible ; ce combustible est notre huile d'or, c'est notre Semen christonique.

26 L'homme qui gaspille son huile sacrée ne peut allumer son chandelier.

27 « Et il revint, l'Ange qui me parlait, et il me réveilla comme un homme qui est tiré de son sommeil.
Et il me dit : Que vois-tu ? Et je répondis : Je regarde et voici un chandelier tout en or avec un réservoir à son sommet, et sept lampes sont sur le chandelier et sept gouttières pour les lampes qui sont dessus.
Et près de lui, deux oliviers, l'un à la droite du réservoir et l'autre à sa gauche » (Zacharie 4:1-3).

28 « Je pris encore la parole et je lui dis : Que signifient ces deux oliviers, à droite du chandelier et à sa gauche ?

Je pris de nouveau la parole et je lui dis : Que signifient les deux branches d'olivier qui, au moyen de deux tuyaux d'or versent l'huile qui est comme de l'or ?

Et il me répondit : Tu ne sais pas ce que c'est ? Et je lui dis : Non Monseigneur.

Et il dit : Ces deux enfants de l'huile sont ceux qui se tiennent devant le Seigneur de toute la terre » (Zacharie 4:11-14).

29 Ces deux enfants de l'huile qui se tiennent devant le Dieu de la terre sont nos deux cordons ganglionnaires qui s'enroulent autour de notre moelle épinière et par lesquels nous devons faire monter notre énergie séminale jusqu'au cerveau.

30 Que le Saint-Graal soit avec nous, que notre calice soit rempli du sang de l'Agneau.

31 C'est ainsi que notre mental se christifie.

32 Il est impossible de christifier le mental sans le Feu.

33 Nos disciples comprendront maintenant pourquoi on a placé au-dessus de la tête du Crucifié le mot INRI.

34 Ce mot signifie : « Ignis Natura Renovatur Integra », le Feu renouvelle complètement la nature.

35 Le concept de Descartes : « Je pense, donc je suis », est complètement faux, car l'homme véritable est l'Intime, et l'Intime ne pense pas, car il sait.

36 Celui qui pense, c'est le mental, et non l'Intime.

37 Le mental humain, dans son actuel état d'évolution, est

l'animal que nous portons au-dedans.

38 L'Intime n'a pas besoin de penser, car il est omniscient.

39 Notre Intime est oui, oui, oui !

40 La sagesse de notre Intime est oui, oui, oui !

41 L'amour de notre Intime est oui, oui, oui !

42 Lorsque nous disons : j'ai faim, j'ai soif, etc., nous sommes en train d'affirmer quelque chose d'absurde, car l'Intime n'a ni faim ni soif ; celui qui a faim et soif, c'est le corps physique.

43 Il est plus correct de dire : mon corps a faim, mon corps a soif.

44 La même chose se produit avec le mental lorsque nous disons : j'ai une force mentale puissante, j'ai tel problème, j'ai tel conflit, j'ai telle souffrance, il m'arrive telles pensées, etc.

45 Nous sommes alors en train de faire des erreurs très graves en affirmant ces choses, car ce sont des choses du mental, non de l'Intime.

46 L'Intime n'a pas de problèmes, les problèmes relèvent du mental.

47 L'homme véritable est l'Intime.

48 L'Intime doit fouetter le mental avec la terrible cravache de la volonté.

49 L'homme qui s'identifie avec le mental tombe dans l'abîme.

50 Le mental est l'âne sur lequel nous devons monter pour

entrer dans la Jérusalem Céleste.

51 Nous devons commander de cette façon au mental :
« Mental, enlève-moi ce problème ; mental, enlève-moi ce conflit ; mental, retire de moi ce désir, etc. Je te le commande, je suis ton seigneur et tu es mon esclave jusqu'à la consommation des siècles ».

52 Malheur à l'homme qui s'identifie avec le mental, car il perd l'Intime et finit à l'abîme.

53 Ceux qui disent que tout est mental commettent une faute très grave, car le mental n'est seulement qu'un instrument de l'Intime.

54 Toutes ces œuvres qui tendent à identifier totalement l'homme avec le mental sont de la vraie Magie Noire, car l'homme véritable n'est pas le mental.

55 Nous ne devons pas oublier que les démons les plus subtils et dangereux qui soient dans l'univers résident dans le plan mental.

56 L'Intime dit ainsi au mental : « Ne dis pas que tes yeux sont tes yeux, car je vois à travers eux. Ne dis pas que tes oreilles sont tes oreilles, car c'est moi qui entends à travers elles. Ne dis pas que ta bouche est ta bouche, car je parle à travers elle. Tes yeux sont mes yeux. Tes oreilles sont mes oreilles. Ta bouche est ma bouche ».

57 C'est ainsi que l'Intime parle au mental.

58 Dans les mondes internes, nous pouvons projeter hors de nous notre corps mental afin de nous entretenir avec lui, face à face, comme avec une personne étrangère.

59 Nous comprenons alors tout à fait que le mental est une chose étrangère que nous devons apprendre à manier avec

le fouet terrible de la volonté.

60 Il faut la plus parfaite chasteté pour pouvoir christifier le corps mental.

61 La tanière du désir est dans le mental.

62 Ces personnes qui se sentent incapables d'en finir avec la fornication, qu'elles parlent ainsi au mental : « Mental, retire de moi cette pensée sexuelle ; mental, enlève-moi ce désir charnel ; tu es mon esclave et je suis ton seigneur ».

63 Alors le loup horrible de la passion charnelle sortira de la tanière du mental, et ces personnes acquerront la parfaite chasteté.

64 L'âne mental, on doit le fouetter avec la terrible cravache de la volonté.

65 Il est impossible de séparer le mental de la sexualité ; le mental et le sexe sont en relation intime, et si nos disciples veulent convertir le mental-matière en mental-Christ, ils doivent remplir leur calice avec le vin sacré de la lumière.

66 Lorsque le mental se christifie totalement, il se convertit alors en un véhicule splendide et merveilleux, avec lequel nous pouvons étudier tous les secrets de cette Rose Ignée de l'univers.

67 Le Mental-Christ est l'instrument le plus précieux de l'Arhat.

Discipline Ésotérique du Mental

1 La méditation est la discipline ésotérique des Gnostiques.

2 La méditation comporte trois phases : Concentration, Méditation et Samadhi.

3 Concentration, signifie : fixer le mental sur une seule chose. Méditation, signifie : « réfléchir » sur le contenu substantiel de cette même chose. Samadhi, c'est l'extase ou le ravissement mystique.

4 Un maître du Samadhi pénètre dans tous les plans de conscience et, avec l'œil de Dagma, il scrute tous les secrets de la Sagesse du Feu.

5 Il est indispensable que nos disciples gnostiques apprennent à fonctionner sans véhicules matériels d'aucune espèce, afin qu'ils perçoivent avec l'œil de Dagma toutes les merveilles de l'univers.

6 C'est ainsi que nos disciples deviendront des maîtres du Samadhi.

7 Allongé sur son lit et les mains croisées sur la poitrine, le disciple méditera profondément sur son corps physique, en se disant à lui-même : « Je ne suis pas ce corps physique ».

8 Le disciple méditera ensuite profondément sur son corps éthérique, en se disant à lui-même : « Je ne suis pas ce corps éthérique ».

9 Puis, plongé en profonde méditation intérieure, le disciple réfléchira sur son corps astral et dira : « Je ne suis pas le corps astral ».

10 Le disciple méditera maintenant sur son corps mental, et se dira à lui-même : « Je ne suis pas non plus ce mental, avec lequel je suis en train de penser ».

11 Le disciple réfléchira ensuite sur sa force de volonté et se dira à lui-même : « Je ne suis pas non plus le corps de la volonté ».

12 Maintenant, le disciple méditera sur sa conscience et se dira à lui-même : « Je ne suis pas non plus la conscience ».

13 Finalement, toujours plongé en profonde méditation, le disciple s'exclamera, avec son cœur : « Je suis l'Intime ! Je suis l'Intime ! Je suis l'Intime ! »

14 En dehors de tous ses véhicules, le disciple sera alors devenu une Majesté de l'Infini.

15 Il verra alors qu'il n'a plus besoin de penser parce que la sagesse de l'Intime est : Oui, oui, oui !

16 Le disciple se rendra compte, à ce moment, que l'action de l'Intime est : Oui, oui, oui !

17 À ce moment-là, le disciple comprendra que la nature de l'Intime est félicité absolue, existence absolue et omniscience absolue.

18 En ces instants de suprême félicité, le passé et le futur fraternisent dans un éternel maintenant, et les grands Jours cosmiques et les grandes Nuits cosmiques se succèdent à l'intérieur d'un instant éternel.

19 Dans cette plénitude de la félicité, nos disciples peuvent étudier toute la Sagesse du Feu au sein des flammes ardentes de l'univers.

20 C'est ainsi que nos disciples apprennent à fonctionner sans véhicules matériels d'aucune espèce, afin d'étudier tous les secrets de la magie élémentale de la nature.

21 Il est nécessaire que l'Intime apprenne à se dévêtir pour fonctionner sans véhicules dans le grand Alaya du monde.

22 Concentration, Méditation et Samadhi sont les trois chemins obligatoires de l'Initiation.

23 D'abord, on fixe l'attention sur le corps avec lequel nous voulons pratiquer, puis on médite sur sa constitution interne et, remplis de béatitude, nous disons : « Je ne suis pas ce corps ».

24 Concentration, Méditation et Samadhi, doivent être pratiqués sur chaque corps.

25 Concentration, Méditation et Samadhi : les trois ensemble, appliqués à chacun de nos véhicules, sont appelés, en Orient, un Samyasi.

26 Afin de pouvoir nous dépouiller de chacun de nos véhicules inférieurs, nous pratiquerons un Samyasi sur chacun de nos véhicules.

27 Les grands Ascètes de la Méditation sont les grands Sannyasin de l'entendement cosmique, dont les flammes flamboient parmi la Rose Ignée de l'univers.

28 Pour être un Sannyasin de la pensée, il est indispensable d'avoir acquis la chasteté absolue, la ténacité, la sérénité et la patience.

29 Après quelque temps de pratique, nos disciples pourront se libérer de leurs six véhicules pour fonctionner dans le grand Alaya de l'univers sans véhicules d'aucune espèce.

30 Le disciple remarquera que ses rêves deviennent chaque jour plus clairs, et il comprendra alors que lorsque le corps physique dort, l'homme intérieur voyage, agit et travaille à l'intérieur des mondes suprasensibles.

31 Le disciple comprendra alors que ce qu'on appelle les « rêves » sont des expériences vécues dans les mondes internes.

32 Notre tête est une tour avec deux grandes salles, ces deux salles sont le cerveau et le cervelet.

33 Le cervelet est la salle du subconscient. Le cerveau est la salle de la conscience.

34 La Sagesse des mondes internes appartient au monde du subconscient ; les choses de notre monde physique appartiennent à la salle de la conscience.

35 Lorsque la conscience et le subconscient s'unissent, l'homme peut alors étudier toutes les merveilles des mondes internes et les faire passer au cerveau physique.

36 Il est indispensable que nos disciples réunissent les deux pièces de cette tour merveilleuse de notre tête.

37 La clé pour y parvenir est l'exercice de rétrospection.

38 Aussitôt réveillés de notre sommeil nocturne, nous pratiquerons un exercice rétrospectif pour nous rappeler toutes ces choses que nous avons vues et entendues, et tous ces travaux que nous avons effectués lorsque nous étions au dehors, loin de notre corps.

39 C'est ainsi que les deux salles, de la conscience et du subconscient, s'unissent pour nous donner la grande illumination.

40 Il n'y a pas de faux rêves, tout rêve est une expérience vécue dans les mondes internes.

41 Les cauchemars eux-mêmes sont des expériences réelles, car les monstres des cauchemars existent réellement dans les mondes submergés.

42 Une indigestion peut mettre en activité certains chakras du bas-ventre et nous pénétrons alors dans les propres enfers atomiques de l'homme, où vivent réellement les êtres les plus monstrueux de l'univers : voilà ce que l'on nomme cauchemars.

43 Les images des mondes suprasensibles sont totalement symboliques et il faut apprendre à les interpréter, en nous basant sur la loi des analogies philosophiques, sur la loi de l'analogie des contraires, sur la loi des correspondances et la loi de la numérologie.

44 Même les songes apparemment les plus absurdes, s'ils sont interprétés intelligemment, renferment les plus grandes révélations.

45 Au moment où ils se réveillent, nos disciples ne doivent pas bouger, car en bougeant ils agitent le corps astral et perdent leurs souvenirs.

46 La première chose que doit faire le disciple aussitôt qu'il se réveille dans son lit, c'est de pratiquer son exercice rétrospectif afin de se rappeler avec précision toutes ses expériences internes. C'est ainsi que les deux salles du

conscient et du subconscient s'unissent et que vient la Sagesse interne.

47 Les Sannyasin de la pensée acquièrent la conscience permanente dans la Rose ignée de l'univers.

48 Il est nécessaire d'acquérir la plus profonde sérénité, il est urgent de développer la patience et la ténacité.

49 Il faut rester indifférent devant la louange et le blâme, devant la victoire et la défaite.

50 Il est nécessaire d'échanger le processus du raisonnement par la beauté de la compréhension.

51 Il est indispensable de faire un inventaire de tous nos défauts, et de consacrer deux mois à chaque défaut, jusqu'à ce qu'on en ait fini avec tous les défauts.

52 Celui qui essaie d'en finir avec tous les défauts en même temps ressemble au chasseur qui veut chasser dix lièvres à la fois, il n'en prend alors aucun.

53 Pour arriver à être un maître du Samadhi, il est indispensable de cultiver une riche vie intérieure.

54 Le Gnostique qui ne sait pas sourire a aussi peu de contrôle que celui qui connaît seulement l'éclat de rire d'Aristophane.

55 Il faut acquérir un complet contrôle de soi-même. Un initié peut ressentir de la joie, mais jamais il ne tombera dans la frénésie furieuse. Un initié peut ressentir de la tristesse, mais il ne sombrera jamais dans le désespoir.

56 Celui qui est désespéré à cause de la mort d'un être cher n'est pas encore prêt pour être un initié. Car la mort est le tribut de tous.

57 Durant ces pratiques de méditation, les chakras du corps astral de nos disciples entrent en activité et le disciple commence alors à percevoir les images des mondes suprasensibles.

58 Au début, le disciple ne perçoit que des images fugaces. Plus tard le disciple perçoit totalement toutes les images des mondes suprasensibles.

59 Cette première étape de la connaissance appartient à la connaissance « imaginative ».

60 Le disciple contemple alors beaucoup d'images qui sont pour lui énigmatiques, car il ne les comprend pas.

61 Mais au fur et à mesure qu'il persévère dans ses pratiques de méditation interne, il sent progressivement que ces images suprasensibles produisent en lui certains sentiments de joie ou de douleur.

62 Le disciple se sent alors inspiré en présence de ces images intérieures, et il comprend la relation qui existe entre différentes images ; il s'élève alors à la connaissance inspirée.

63 Plus tard, en voyant n'importe quelle image intérieure on connaît instantanément sa signification et le pourquoi de chaque chose ; c'est le troisième échelon de la connaissance, connu sous le nom de connaissance intuitive.

64 Imagination, Inspiration et Intuition sont les trois chemins obligatoires de l'Initiation.

65 On parvient à ces trois cimes ineffables par les moyens de la Concentration, de la Méditation et du Samadhi.

66 Celui qui a atteint les cimes ineffables de l'Intuition s'est converti en un maître du Samadhi.

67 Dans la pratique de la Sagesse orientale, il y a une progression ordonnée :

1. ASANA (posture du corps).
2. PRATYAHARA (ne penser à rien).
3. DHARANA (concentration sur une seule chose).
4. DHYANA (méditation profonde).
5. SAMADHI (extase).

68 Il est nécessaire de mettre le corps dans la position la plus confortable (ASANA).
Il est indispensable de « blanchir » le mental avant la concentration (PRATYAHARA).
Il faut savoir fixer le mental sur une seule chose (DHARANA). C'est ainsi que nous parvenons à méditer profondément sur le contenu de cette même chose (DHYANA).
Au terme de ce chemin nous arrivons à l'extase (SAMADHI).

69 Cette discipline ésotérique du mental doit imprégner totalement notre vie quotidienne.

70 En présence de n'importe quelle personne surgiront dans notre intérieur beaucoup d'images qui correspondent à la vie interne de la personne avec laquelle nous sommes entrés en contact ; on nomme ceci clairvoyance.

71 Plus tard, ces images produisent en nous divers sentiments d'inspiration, le disciple est alors parvenu à la connaissance inspirée.

72 Enfin, le disciple, en présence de n'importe quelle personne, connaît instantanément la vie de l'interlocuteur ; c'est la connaissance intuitive.

73 Ceux qui veulent pénétrer dans la Sagesse du Feu doivent en finir avec le processus du raisonnement et cultiver les facultés ardentes du mental.

74 De la raison, nous ne devons extraire que son fruit d'or.

75 Le fruit d'or de la raison est la compréhension.

76 La compréhension et l'imagination doivent remplacer la raison.

77 Imagination et compréhension sont les deux fondements des facultés supérieures de l'entendement.

78 Pour avoir accès à la connaissance des mondes supérieurs, il est nécessaire d'acquérir les facultés supérieures du mental.

79 Ceux qui lisent ces enseignements de la Rose Ignée et qui, néanmoins, continuent obstinément à s'enfermer à l'intérieur du processus du raisonnement, ne sont pas bons pour les études supérieures de l'Esprit. Ils ne sont pas encore mûrs.

80 La clairvoyance et l'imagination sont la même chose : la clairvoyance est imagination et l'imagination est clairvoyance ; la clairvoyance existe toujours.

81 Quand dans notre intérieur surgit une image quelconque, il faut l'examiner sereinement, afin de connaître son contenu.

82 Lorsque la rose ignée du corps astral située dans l'espace entre les sourcils s'éveille à une nouvelle activité, alors les images qui se présentent intérieurement à notre imagination viennent accompagnées de lumière et de couleur.

83 Il faut apprendre, par notre propre expérience, à faire une différenciation entre les images qui sont reçues et les images que, consciemment ou inconsciemment, nous créons et projetons.

84 Il faut faire une différence entre nos propres images et les images étrangères qui se présentent à nous.

85 L'imagination a deux pôles : l'un récepteur, et l'autre émetteur.

86 Recevoir une image est une chose, projeter une image créée par notre entendement en est une autre.

87 Le pôle contraire de l'imagination est l'imaginaire.

88 L'imagination est clairvoyance.

89 L'imaginaire est fait des images absurdes créées par un mental plein d'aberrations.

90 Les instructeurs doivent non seulement livrer aux disciples des pratiques pour l'éveil du chakra frontal, mais aussi leur enseigner à manier la clairvoyance.

91 La clairvoyance est l'imagination, dont le chakra réside dans l'espace entre les sourcils.

92 L'imagination est la translucidité : pour le sage, imaginer c'est voir.

93 L'ère de la raison a commencé avec Aristote ; elle culmina avec Emmanuel Kant et elle arrive maintenant à son terme avec la naissance de la nouvelle ère du Verseau.

94 La nouvelle ère du Verseau sera l'ère de l'humanité « intuitive ».

95 Nous devons apprendre à faire la différence entre ce qu'est créer une image avec l'entendement, et ce qu'est capter une image qui flotte dans les mondes suprasensibles.

96 Beaucoup diront : « Comment est-il possible que je puisse capter une image sans être clairvoyant ? »

97 Nous pourrons leur répondre que l'imagination est la clairvoyance même, et que tout être humain est plus ou moins imaginatif, c'est-à-dire, plus ou moins clairvoyant.

98 Ce qui a causé le plus de dommage aux étudiants en occultisme, c'est la fausse conception que l'on a de la clairvoyance.

99 Les auteurs de cette fausse conception sont les « intellectuels », qui ont regardé avec le plus profond mépris les facultés de l'imagination.

100 Les occultistes, en voulant se défendre du mépris intellectuel, ont donné une teinte scientifique très marquée à l'imagination, et l'ont baptisée du nom de clairvoyance ou sixième sens.

101 Cette attitude des occultistes leur fit beaucoup de tort, car ils devinrent confus.

102 À présent, les occultistes (victimes des intellectuels) ont creusé un abîme terrible entre la clairvoyance et l'imagination.

103 Beaucoup s'interrogent eux-mêmes : « Mais comment puis-je percevoir des images sans être clairvoyant ? »

104 Pauvres gens ! Ils ne connaissent pas le trésor qu'ils possèdent, ils ignorent que l'imagination est la clairvoyance même, et que tout être humain est plus ou moins clairvoyant.

105 Les occultistes ont voulu convertir la belle faculté de la clairvoyance en quelque chose d'artificiel, de technique et de difficile.

106 La clairvoyance est l'imagination. La clairvoyance est la fleur la plus belle, la plus simple et la plus pure de la spiritualité.

107 Lorsque nous reconquérons l'enfance perdue, toutes les images qui se présentent alors à notre imagination, viennent accompagnées de très vives couleurs astrales.

108 L'intellectuel qui méprise l'imagination commet une très grave absurdité, car tout ce qui existe dans la nature est fils de l'imagination.

109 L'artiste qui peint un tableau est un grand clairvoyant.

110 On reste interdit devant le « Christ » de Léonard de Vinci ou devant la « Madone » de Michel-Ange.

111 L'artiste perçoit avec son imagination (clairvoyance) de sublimes images qu'il fait ensuite passer dans ses aquarelles ou ses sculptures.

112 La Flûte Enchantée de Mozart nous rappelle une Initiation égyptienne…

113 Lorsque la Déesse Mère du Monde veut livrer aux hommes quelque jouet pour les divertir, elle le dépose alors dans l'imagination des inventeurs. C'est ainsi que nous avons la radio, l'avion, les automobiles, etc.

114 Les images ténébreuses des mondes submergés, lorsqu'elles sont captées par les scientifiques, sont converties en canons, mitrailleuses, bombes, etc.

115 Ainsi donc, tout le monde est plus ou moins clairvoyant, et l'on ne doit pas déprécier l'imagination, car toutes les choses sont filles de l'imagination.

116 Il faut faire la différence entre les hommes qui n'ont pas reçu d'éducation ésotérique et ceux qui se sont déjà soumis aux grandes disciplines ésotériques.

117 L'imagination évolue, se développe et progresse au sein de la Rose ignée de l'univers.

118 Ceux qui ont fait tourner la roue magique de l'espace entre les sourcils possèdent une imagination riche et puissante, et toutes les images qu'ils perçoivent viennent accompagnées de lumière, de couleurs, de chaleur et de sons.

119 Nous ne nions pas l'existence de la clairvoyance. La clairvoyance est le sixième sens, dont le chakra est situé dans l'espace entre les sourcils et a quatre-vingt-seize rayons. Ce que nous voulons, c'est agrandir le concept et faire comprendre à l'étudiant que le mot imagination est un autre des noms de la clairvoyance. Les gens ont oublié l'usage et le maniement de la divine clairvoyance, et il est nécessaire que nos étudiants sachent que l'imagination est cette même clairvoyance ou sixième sens, localisé dans l'espace entre les sourcils.

120 Beaucoup de gens croient que l'imagination est une faculté purement mentale et qui n'a rien à voir avec le chakra frontal de la clairvoyance.

121 Cette fausse conception est due au mépris qu'ont les intellectuels pour l'imagination et au déguisement scientifique par lequel les occultistes veulent légitimer la belle faculté de la clairvoyance.

122 Le chakra frontal du corps astral est en relation intime avec le chakra frontal du corps mental, avec le chakra frontal du corps éthérique et avec la glande pituitaire située dans l'espace entre les sourcils du corps physique.

123 Ainsi donc, l'imagination appartient à tous les plans de la conscience universelle, et la clairvoyance est précisément cette même imagination, susceptible de développement, d'évolution et de progrès au sein de la Rose Ignée de l'univers.

124 Il est nécessaire que les dévots du sentier aient un mental bien équilibré.

125 Lorsque nous parlons de logique, nous faisons allusion à une logique transcendantale qui n'a rien à voir avec les textes de la logique scolastique.

126 Toute image intérieure a ses correspondances scientifiques sur le plan de l'objectivité physique.

127 Lorsque les images de l'étudiant ne peuvent être expliquées au moyen du concept logique, c'est le signe que le mental de l'étudiant est complètement déséquilibré.

128 Toute image interne doit avoir une explication logique satisfaisante.

129 Il existe d'innombrables étudiants avec le mental complètement déséquilibré.

130 Les disciples gnostiques doivent cultiver la sérénité.

131 La sérénité est la clef la plus puissante pour le développement de la clairvoyance.

132 La colère détruit l'harmonie de l'ensemble et ruine totalement les pétales de la rose ignée de l'entre-sourcil.

133 La colère décompose la lumière astrale en un poison appelé IMPERIL qui endommage les pétales de la rose ignée de l'espace entre les sourcils et obstrue les canaux du système nerveux grand sympathique. Il faut faire tourner le chakra de la clairvoyance avec la voyelle I, que l'on doit vocaliser quotidiennement, en allongeant ainsi le son de la voyelle : I-iiiiiiiii.

134 Au sein de l'auguste sérénité de la pensée qui flamboie ardemment, nous devons contempler les images intérieures sans le processus déprimant de la raison.

135 En présence d'une image interne, notre mental doit couler intégralement avec le doux écoulement de la pensée.

136 Au milieu des tableaux imaginatifs, notre mental devra vibrer avec les ondes du discernement.

137 Le discernement est perception directe de la vérité, sans le processus du choix conceptuel.

138 Le processus du choix divise le mental en l'engageant dans le combat des antithèses, et alors les images intérieures se cachent comme les étoiles derrière les épais nuages des raisonnements.

139 Nous devons apprendre à penser avec le cœur et sentir avec la tête.

140 Notre mental doit devenir délicieusement sensible et subtil.

141 Pour comprendre la vie libre en son mouvement, le mental doit être délivré de toute espèce d'entraves.

142 Nous admirons l'intrépidité.

143 Les désirs, quels qu'ils soient, sont des entraves pour le mental.

144 Les préjugés et les préconceptions sont des entraves pour l'entendement.

145 Les écoles sont des « cages » où le mental est retenu prisonnier.

146 Nous devons apprendre à vivre toujours dans le présent, car la vie est un instant toujours éternel.

147 Notre mental doit être converti en un instrument flexible et délicat pour l'Intime.

148 Notre mental doit être converti en un enfant.

149 Durant les pratiques de méditation interne, nous devons être dans le plus complet en repos intérieur, car toute agitation du mental, toute attitude d'impatience trouble le mental et empêche la perception des images intérieures.

150 Dans le monde physique, toute activité est accompagnée du mouvement de nos mains, de nos jambes, etc., mais dans les mondes internes, nous avons besoin du repos le plus profond, du calme le plus absolu pour recevoir

les images internes qui viennent au mental comme une grâce, comme une bénédiction.

151 Il est indispensable que nos disciples cultivent la belle qualité de la vénération.

152 Nous devons vénérer profondément toutes les choses sacrées et divines.

153 Nous devons vénérer profondément toutes les œuvres du Créateur.

154 Nous devons vénérer profondément les Vénérables Maîtres de la Fraternité Blanche Universelle.

155 Le respect et la vénération nous ouvrent complètement les portes des mondes supérieurs.

156 Nous ne devons avoir de préférences pour personne, nous devons avoir la même attention, le même respect et la même vénération tant pour le mendiant qu'envers le grand seigneur.

157 Nous devons cultiver la même courtoisie et nous occuper avec une égale attention du riche et du pauvre, de l'aristocrate et du paysan, sans préférences pour aucun.

158 Nous devons cultiver la patience et la prévoyance.

159 Les fourmis et les abeilles sont patientes et prévoyantes.

160 Nous devons en finir avec les désirs anxieux d'accumuler et la convoitise.

161 Nous devons apprendre à être indifférents devant l'or et les richesses.

162 Nous devons apprendre à mieux apprécier la doctrine du cœur.

163 Celui qui méprise la doctrine du cœur pour suivre la doctrine de l'œil (théories, écoles, culture livresque, etc.), ne pourra jamais parvenir aux grandes réalisations.

164 Nous devons apprendre à connaître le bon de ce qui est mauvais et le mauvais de ce qui est bon.

165 Dans toute bonne chose, il y a quelque chose de mauvais, et dans tout ce qui est mauvais, il y a quelque chose de bon.

166 Bien que cela semble incroyable, les Marie-Madeleine sont plus près de l'Initiation que nombre de jeunes pucelles.

167 Bien que cela paraisse étrange à l'étudiant, il arrive souvent que celui que tous pointent du doigt et accusent est plus proche de l'Initiation que cet hypocrite qui sourit doucement devant l'auditoire d'une loge ou d'un temple.

168 Paul de Tarse a été un bourreau et un assassin avant l'événement du chemin de Damas.

169 La transformation instantanée de cet homme a surpris les saints de Jérusalem.

170 Le malveillant s'est converti en prophète.

171 Ceci est le mystère du Baphomet.

172 Les objets sacrés des temples sont supportés par des piédestaux animalesques, et les pattes des trônes des Maîtres représentent des monstres.

173 Le Christ a su apprécier la beauté des dents, dans le cadavre d'un chien en décomposition.

174 Dans le démon Belzébuth brûlaient des flammes bleues qui purent être utilisées pour le transformer en un disciple de la Hiérarchie Blanche (voir la Révolution de Belzébuth, du même auteur).

175 Au milieu de l'encens de la prière, souvent se cache le crime.

176 Le disciple ne doit juger personne, ni critiquer qui que ce soit, afin de former une riche vie intérieure.

177 Souvent, parler est un crime et, à d'autres moments, se taire en est un également.

178 Il est aussi mal de parler quand on doit se taire, que de se taire lorsqu'on doit parler.

179 Il faut apprendre à manier le verbe et savoir calculer avec exactitude le résultat de nos paroles.

180 Une même parole peut représenter une bénédiction pour une personne et une insulte pour une autre.

181 C'est pour cela qu'avant de prononcer une parole nous devons très bien calculer son résultat.

182 Les Seigneurs du karma jugent les choses en se fondant sur les faits, sans tenir compte des bonnes intentions.

183 Notre mental doit être simple, humble et plein du respect le plus profond.

184 Nos disciples doivent éviter soigneusement toute querelle pour ne pas dilapider inutilement leurs énergies.

185 Celui qui veut accepter la doctrine des Gnostiques, qu'il l'accepte ; mais celui qui ne veut pas l'accepter, c'est qu'il

n'est pas encore mûr et il est inutile, alors, d'entamer des disputes avec lui pour le convaincre.

186 « Que les disputes soient défendues, que la discorde en paroles soit abolie, que toutes les broussailles s'écartent du chemin et le laissent libre. »

187 Nous devons cultiver la gratitude, car l'ingratitude et la trahison fraternisent.

188 Il faut en finir avec l'envie, car de l'envie sortent les Judas qui vendent le Maître pour trente pièces d'argent.

189 L'envie est la fleur vénéneuse qui est la plus abondante dans les marécages ténébreux de toutes les écoles spirituelles du monde.

190 L'envie a l'habitude de se déguiser sous la toge du juge.

191 Nous devons cultiver la sincérité, car c'est dans la substance de la sincérité que germent les fleurs les plus belles de l'Esprit.

192 Toutes ces qualités nous donneront une riche vie intérieure ; c'est ainsi que nous nous préparons intérieurement pour les grandes disciplines ésotériques du mental qui flamboie parmi les flammes ardentes de l'univers.

La Croix de l'Arhat

1 Le Feu de la rose ignée située dans le larynx de ton corps mental, crépite ardemment parmi les flammes éclatantes de l'univers.

2 Tu entres maintenant, ô Arhat, dans les trois chambres hautes de la tour de ton temple.

3 La Kundalini de ton corps mental ouvre la première chambre du cervelet.

4 Sais-tu ce que cela signifie, mon enfant ?

5 Hélas, ô Arhat !

6 Reçois la quatrième Croix pour que tu crucifies ton corps mental.

7 Sais-tu ce que cela signifie, mon frère ?

8 Sais-tu ce que signifie le mental ?

9 Maintenant tu es devenu digne de pitié, ô Arhat !

10 Tu devras travailler dans le Grand-œuvre du Père.

11 Tu seras un agneau immolé sur l'autel du sacrifice.

12 Tu travailleras sans cesse pour l'humanité.

13 Tu feras des œuvres géniales en faveur du monde, mais n'attends pas de lauriers, mon fils !

14 Rappelle-toi que tu dois sacrifier ton mental.

15 L'humanité se moquera de tes œuvres ils te railleront de façon outrageante et te donneront à boire du fiel.

16 Tes œuvres méritoires seront reçues avec de stridents éclats de rire, et tous tes sacrifices, l'humanité te les paiera avec le plus profond mépris.

17 Sois digne de compassion, ô Arhat !

18 La Croix du corps mental est très grande et très lourde.

19 Tes propres frères spirituels seront tes ennemis.

20 Ils te railleront violemment et se moqueront de toi, ô Arhat !

21 Les spiritualistes de toutes les dénominations te qualifieront de méchant et t'écorcheront de leurs injures, ô Arhat !

22 Tu seras calomnié, diffamé et haï par tout le monde ; c'est ainsi que tu crucifieras ton mental, ô Arhat !

23 Apollonius de Thyane a passé ses dernières années enfermé dans une prison. Paracelse fut qualifié d'ami des gitans et des bourreaux, par son propre « Judas ». Tous les pédants de l'époque ont détesté à mort l'insigne Théophraste Bombast Von Hohenheim, dit Paracelse (Aureolus Paracelsus).

24 Ce grand sage a livré à l'humanité la sagesse médicale, qui ne sera acceptée et comprise par l'espèce humaine que dans la nouvelle ère du Verseau.

25 Agrippa, abhorré par les hommes, errait de ville en ville, et tout le monde le regardait avec méfiance, le qualifiant de sorcier.

26 Tous les saints de Jérusalem, tous les martyrs de l'humanité furent haïs et persécutés.

27 La Croix de ton corps mental pèse très lourd, ô Arhat !

28 Tu es maintenant un personnage énigmatique, ô mon fils ! Et tous tes frères spirituels te qualifient de méchant, d'intolérant, de ténébreux, simplement parce qu'ils ne te comprennent pas. Tu le sais.

29 Bénis ceux qui nous aiment, car ils nous comprennent, et bénis ceux qui nous haïssent, car ils ne nous comprennent pas.

La Femme

1 La femme a les mêmes droits que l'homme.

2 La femme aussi peut parvenir à être Adepte de la Fraternité Blanche.

3 Jeanne d'Arc est un Maître des Mystères Majeurs de la Fraternité Blanche.

4 H.P. Blavatsky, l'auteure de La Doctrine Secrète, est parvenue à l'Adeptat et est un Maître des Mystères Majeurs de la Fraternité Blanche.

5 Dans presque tous les temples de Mystères, nous retrouvons beaucoup de Dames Adeptes travaillant pour l'humanité.

6 La femme peut éveiller son serpent sacré, tout comme l'homme.

7 La femme qui veut éveiller sa Kundalini doit pratiquer la Magie Sexuelle avec son mari, si elle est mariée.

8 Les femmes mariées transmuteront avec l'aide du mental, comme nous l'avons déjà enseigné plus haut.

9 L'Alchimie Sexuelle est la base fondamentale de tout progrès.

10 L'Alchimie Sexuelle est le fondement de la Sagesse du Feu.

11 L'amour est le temple, est la matrice, est le matras du laboratoire sexuel.

12 Dans ce matras de l'Alchimie Sexuelle se combinent le Sel, le Soufre et le Mercure, pour élaborer, à l'aide d'une progression de combustions érotiques, la Pierre Philosophale de l'Alchimiste.

13 Dans le matras sexuel de notre laboratoire organique, les explosions du feu passionnel combinent certains arcanes éthériques, astraux, mentaux, volitifs, conscientifs et divins, pour élaborer avec le Feu ardent de la soif érotique certains éléments ignés dont les principes substantiels appartiennent à l'Intime.

14 La femme, dans l'état d'excitation sexuelle, accumule une énorme quantité de feu élémental de la nature qui, en se combinant avec le magnétisme érotique de l'homme, engendre certaines forces cosmiques dont les terribles explosions ouvrent les chambres de l'épine dorsale.

15 L'ébullition des feux passionnels de l'homme et de la femme, lors de la conjonction érotique, provoque de véritables tempêtes ardentes qui troublent l'atmosphère et sèment la panique parmi les ténébreux qui forment la garde de chaque chambre.

16 Ces entités submergées assaillent l'intrépide, défendant les feux dont les principes synthétiques transcendantaux sont renfermés dans les trente-trois chambres intérieures de notre colonne vertébrale.

17 Les ténébreux défendent leurs droits et nous qualifient alors de voleurs de pouvoirs.

18 Ceci est le Mystère du BAPHOMET ; la rose élabore son parfum avec la boue de la terre ; le misérable ver de terre n'aime pas que le jardinier lui enlève sa boue. Nos disciples comprendront maintenant sur quoi se basent les ténébreux pour qualifier de voleurs les Alchimistes sexuels.

19 Chaque chambre est fortement défendue par des légions ténébreuses, et il faut vaincre les ténébreux avec le tranchant de l'épée et prendre d'assaut chaque chambre.

20 Les dévots du sentier saisiront maintenant pourquoi le Christ a dit que le Ciel doit être pris d'assaut.

21 Les douze sels zodiacaux bouillent ardemment dans nos glandes endocrines durant les transes d'Alchimie Sexuelle.

22 Ces douze sels renferment les principes séminaux des douze constellations zodiacales, dont les pouvoirs ardents agissent sur ces minuscules laboratoires de nos glandes endocrines, en activant particulièrement la production hormonale de notre système nerveux liquide.

23 La surexcitation de nos glandes endocrines est accompagnée de gigantesques combinaisons ignées à l'intérieur de tous les chakras et essences de nos véhicules internes.

24 La femme excitée sexuellement a le pouvoir de transplanter les principes synthétiques de ses douze sels dans l'organe laryngien de l'homme, et c'est ainsi que cet organe acquiert les principes hermaphrodites qui plus tard donneront à l'Intime le pouvoir de créer par le moyen de la parole.

25 La combinaison des principes ignés entre homme et femme est aussi en relation intime avec une série d'échanges

salins qui préparent le larynx féminin à devenir un organe créateur angélique.

26 Le feu très ardent d'une surexcitation sexuelle est à l'origine d'énormes, de gigantesques combinaisons de principes dont le résultat synthétique est l'ouverture des chambres spinales.

27 Plus fort sera le refrènement de l'acte, plus violente sera la lutte, et plus puissamment monteront les vapeurs séminales ; plus terrible sera la force d'ascension de la Kundalini.

28 La clé de la domination sexuelle réside dans le mental. 29

On doit dominer le mental au moyen de la volonté.

30 En refrénant la violence passionnelle, nous devons fouetter le mental avec la terrible cravache de la volonté, car la tanière du désir réside dans le mental.

31 Parlons ainsi au mental : « Mental, retire-moi immédiatement cette excitation sexuelle ».

32 Cette formule nous permet de repousser la passion excessive au moment précis où il nous faut freiner l'acte.

33 L'union avec l'Intime n'est possible qu'au moyen de l'Alchimie Sexuelle.

34 Si nous prenons le corps mental de n'importe quel étudiant pseudo-spiritualiste théoriseur et l'examinons attentivement, nous découvrons qu'il est une véritable bibliothèque ambulante.

35 Si nous examinons ensuite attentivement son Église coccygienne ou chakra Muladhara, nous y voyons la

Kundalini totalement enfermée, sans qu'il y ait aucun signe du moindre éveil ; et si nous examinons à présent le Canal de la Sushumna de l'étudiant, nous n'y trouvons aucune trace du Feu Sacré. Nous découvrons que les trente-trois chambres de l'étudiant sont complètement remplies de ténèbres.

36 Cet examen interne nous mènerait à la conclusion que cet étudiant est en train de perdre misérablement son temps.

37 Le Feu Sacré s'éveille lorsque les atomes lunaires et solaires de notre système séminal entrent en contact dans l'os coccygien.

38 Cependant, si nous gaspillons nos atomes solaires par l'éjaculation séminale, il n'y a plus alors suffisamment d'atomes solaires pour entrer en contact et éveiller le Feu.

39 L'étudiant pourra avoir un corps mental converti en une véritable bibliothèque, mais les trente-trois chambres de sa colonne vertébrale seront toutes entièrement éteintes et plongées dans de profondes ténèbres.

40 Conclusion : cet étudiant est un habitant des ténèbres, de l'abîme.

41 Il est impossible d'allumer le Feu de la Kundalini uniquement avec les atomes lunaires du liquide céphalo-rachidien.

42 Il est indispensable que les atomes solaires du système séminal entrent en contact avec les atomes lunaires du liquide céphalo-rachidien, afin d'éveiller le Feu Sacré.

43 Si nous gaspillons les atomes solaires, alors nous n'aurons pas de capital pour effectuer une combinaison

atomique qui permette l'éveil de la Kundalini au moyen de l'Alchimie Sexuelle.

44 La Kundalini est de nature absolument sexuelle, et il n'est possible de l'éveiller que par le moyen de l'Alchimie Sexuelle.

45 Si nous examinons attentivement la constitution interne d'un mystique, nous découvrons un corps conscient (ou bouddhique) très beau, et les Éthers Luminescent et Réflecteur de son corps éthérique seront très volumineux ; mais étant donné que le mystique commun et courant éjacule son liquide séminifère, en analysant le chakra Muladhara nous y voyons la Kundalini enroulée et sans faire montre de la moindre volonté d'éveil.

46 Les trente-trois chambres de la moelle épinière de notre mystique sont pleines de ténèbres, car le Feu n'y est jamais passé.

47 Les bonnes œuvres philanthropiques embellissent les Éthers Luminico-Réflecteurs de ce mystique, et la culture livresque donnera à son mental une riche érudition, mais comme sa Kundalini n'est pas éveillée, ce mystique n'a pas pénétré dans les Mystères du Feu, et bien qu'il soit un homme bon et vertueux, il n'en est pas moins une ombre bonne et bienveillante dans le froid et les ténèbres de l'abîme.

48 Certains soutiennent que la Kundalini peut être éveillée au moyen du Yoga.

49 Nous ne nions pas cette affirmation.

50 Cependant, nous soutenons que le Yogi authentique est totalement chaste.

51 S'il n'en était pas ainsi, les Yogis n'auraient pas de capital atomique pour éveiller la Kundalini.

52 Vivekananda dit, dans ses conférences sur le Raja-Yoga, que le Yogi doit être totalement chaste pour convertir sa force sexuelle en feuilles (énergie christique).

53 C'est ainsi que les Yogis obtiennent l'éveil de la Kundalini et l'union avec l'Intime.

54 L'Alchimie Sexuelle des Yogis est en relation avec les exercices respiratoires et avec certaines pratiques de Méditation interne qui n'ont jamais été publiées dans aucun livre.

55 Si un Yogi forniquait, il n'aurait pas le capital atomique suffisant pour allumer les feux spinaux, et alors ce Yogi perdrait lamentablement son temps.

56 Les pratiques yogiques sont uniquement pour ceux qui appartiennent au « Rayon Oriental ».

57 Nous, les Gnostiques, nous avons la femme, qui se trouve être la prêtresse de la Bienheureuse Déesse Mère du Monde.

58 Certains veulent arriver à l'union avec l'Intime sans tenir aucun compte de la Kundalini.

59 Ces étudiants sont complètement en dehors du chemin, car l'union avec l'Intime n'est possible que par le moyen du Feu. C'est pour cela qu'on a mis sur la Croix du Martyr du Calvaire le mot INRI (Ignis Natura Renovatur Integra), le Feu renouvelle intégralement la nature.

60 Tu es Gnostique ? Mystique ? Yogi ?

61 Rappelle-toi bien, cher disciple, que tu ne peux entrer à l'Éden que par la porte par où tu es sorti. Cette porte c'est la Sexualité.

62 On dit qu'il y a plusieurs chemins. Nous, les Maîtres des Mystères Majeurs de la Grande Loge Blanche, nous affirmons : il n'y a qu'une porte seulement pour entrer à l'Éden, et cette porte c'est la Sexualité.

63 Tous ceux qui n'obéissent pas au commandement du Seigneur Jéhovah, tous ceux qui continuent de manger du fruit défendu sont des disciples de la doctrine des Baals, et ceux-là, comme disent les saintes écritures, seront jetés dans le lac de feu et de soufre ardent, ce qui est la seconde mort.

64 Le Gnostique doit aimer intensément sa prêtresse.

65 La femme doit vivre toujours pleine d'harmonie et cultiver le sens artistique.

66 Au fur et à mesure que le Feu Sacré monte le long de la moelle épinière de la femme, elle pénètre graduellement dans les différents salles du Feu et se christifie peu à peu.

67 La femme doit refréner l'acte sexuel et s'écarter de l'homme avant le spasme, pour éviter la perte d'énergie séminale.

68 C'est ainsi que s'éveille la Kundalini, chez la femme comme chez l'homme.

69 Le magnétisme masculin, en se mêlant au magnétisme féminin, éveille peu à peu les Feux sacrés de la femme.

70 La femme doit cultiver la beauté, la musique et l'amour.

71 Éveillons en nous la précieuse majesté de notre beauté intérieure.

72 Affirmons la majesté de notre Être.

73 Je suis un arbre solitaire. Je suis l'arbre de la vie.

Le Lion de la Loi

1 Tu as maintenant pénétré dans la trente-deuxième vertèbre de la moelle épinière de ton corps mental, ô Arhat !

2 C'est la seconde chambre sainte de ta tête.

3 Le Feu embrasant de l'univers étincelle maintenant ardemment dans cette chambre sainte de ton corps mental.

4 C'est le Feu sacré du Lion de la Loi.

5 NATURAE SANTA SORORERA. Tu as enfanté un nouveau Lion de la Loi dans le monde du Mental Cosmique.

6 Examine bien la tête de la bête et réjouis-toi, ô Arhat !

7 Un éclair épouvantable, un rayon terrible de la foudre tombe des cieux infinis et fait trembler la terre avec sa clameur tonitruante.

8 C'est le rayon de la Justice cosmique.

9 Ce rayon est au-delà du bien et du mal.

10 Le Lion de la Loi est au-delà du bien et du mal.

11 Le Lion de la Loi connaît le bon de ce qui est mauvais et le mauvais de ce qui est bon. Dans tout ce qui est bon il y a quelque chose de mauvais, et dans tout ce qui est mauvais il y a quelque chose de bon.

12 Le Surhomme est au-delà du bien et du mal.

13 La Justice, c'est la suprême miséricorde et la suprême rigueur de la Loi.

14 L'intelligence du Surhomme est atterrante, mais le Surhomme dédaigne l'intelligence car l'intelligence est seulement une qualité de Prakriti et de Prana (c'est-à-dire, Matière et Énergie).

15 L'Intime est au-delà de l'intelligence, dans le royaume suprême de l'Omniscience.

16 L'Intime est même très au-delà de l'Amour, dans le royaume suprême de la Félicité.

17 Sur un plan inférieur, la Félicité de Dieu s'exprime comme Amour, et l'Amour est le summum de la Sagesse.

18 Les deux colonnes de notre Fraternité Blanche sont la Sagesse et l'Amour.

19 La balance de la Justice cosmique a deux plateaux en équilibre parfait.

20 Sur l'un de ces plateaux il y a Sagesse, et sur l'autre, l'Amour.

21 L'Amour et la Sagesse maintiennent en parfait équilibre les plateaux de la balance cosmique.

22 Tout déséquilibre de la balance est châtié par les Lions de la Loi.

23 Fils des Hommes ! Rappelez-vous que les deux plateaux de la balance cosmique sont : la Sagesse et l'Amour.

24 As-tu péché contre la Déesse Lune ? S'il en est ainsi, comment peux-tu réclamer la félicité dans l'Amour ?

25 As-tu péché contre la Sagesse ? Comment peux-tu alors, mon frère, être entouré de félicité ?

26 Le Lion de la Loi, on le combat avec la balance ! Lorsqu'une loi inférieure est transcendée par une loi supérieure, la loi supérieure efface la loi inférieure. Fais de bonnes œuvres pour payer tes dettes !

27 Celui qui a du capital avec quoi payer, paie, et ses affaires vont bien ; lorsque nous n'avons pas de capital et que l'on se trouve en faute dans les livres du karma, nous devons payer avec de la douleur.

28 Entre maintenant, ô Arhat, dans le saint temple du Mental Cosmique afin d'y recevoir cette fête célébrée en ton honneur.

29 Tu es maintenant un nouveau Lion de la Loi dans le monde de l'entendement cosmique.

30 Ton mental flamboie parmi le crépitement ardent de NATURAE SANTA SORORERA.

31 Le mental des Lions de l'entendement cosmique brûle parmi les flammes ardentes de cette Rose Ignée de l'univers.

32 « L'Amour est Loi, mais l'Amour conscient. »

La Table de Jézabel

1 « Mais j'ai quelque chose contre toi : pourquoi tolères-tu que cette femme, Jézabel, qui se prétend prophétesse, enseigne à mes serviteurs et les induise à forniquer et à manger des viandes offertes aux idoles.
Je lui ai laissé le temps de se repentir de sa fornication, et elle ne s'est pas repentie.
Je vais donc la jeter sur un lit, elle et ceux qui adultèrent avec elle, et les plonger dans une très grande épreuve, s'ils ne se repentent pas de leurs agissements.
Et je mettrai à mort ses enfants, et toutes les Églises sauront que je suis celui qui sonde les reins et les cœurs ; et je donnerai à chacun de vous selon ses œuvres » (Apocalypse 2:20-23).

2 Les prophètes des Baals mangent à la table de Jézabel (les Baals sont les magiciens noirs).

3 Les prophètes des Baals, qui enseignent à forniquer « mystiquement » et à manger des mets offerts aux idoles, sont tous les théoriseurs spiritualistes du monde. Ces enseignements sont tous des aliments offerts aux idoles.

4 Monsieur Parsifal Krumm-Heller, Souverain Commandeur du pseudo Ordre Rose-Croix Antique, dont le siège est en Allemagne, envoie à ses disciples ténébreux un cours de Magie Sexuelle noire dans lequel il conseille l'éjaculation séminale de façon « mystique ».

5 C'est ainsi que Jézabel trompe mes serviteurs, et leur enseigne à forniquer et à manger des théories offertes aux idoles.

6 Ce cours de Magie Sexuelle négative et ténébreuse est cette même doctrine tantrique horrible et satanique, prêchée et enseignée publiquement par tous les prophètes des Baals qui mangent à la table de Jézabel.

7 Avec ce répugnant culte phallique, la Kundalini s'éveille négativement et s'enfonce ténébreusement dans les propres enfers atomiques de l'homme, en donnant au corps astral l'horrible apparence satanique des Lucifers.

8 Monsieur Parsifal Krumm-Heller a trahi son propre père Arnold Krumm-Heller, et avec son culte phallique ténébreux, il doit être déclaré publiquement magicien noir.

9 « Et Jéhovah Dieu fit à l'homme ce commandement : de tous les arbres du Jardin tu peux manger. Mais de l'arbre de la connaissance du bien et du mal, tu ne mangeras pas. Car le jour où tu en mangeras, tu mourras » (Genèse 2:16-17).

10 Ce sont les ordres du Seigneur Jéhovah ; quiconque viole ces ordres est un magicien noir.

11 Ce sont les prescriptions du Seigneur Jéhovah, brûlantes de feu et de soufre ardent, ce qui est la seconde mort.

12 La seconde mort est une mort animique ; la personnalité tantrique du fornicateur se sépare de la divine Triade et s'immerge dans un état de conscience démoniaque et dans les mondes atomiques submergés, connus en Orient sous le nom d'Avitchi.

13 Ces personnalités tantriques se désintègrent alors peu à peu, séparées de leur Être intime.

14 « Et je mettrai tes enfants à mort ; et toutes les Églises sauront que je suis celui qui scrute les reins et les cœurs ; et je donnerai à chacun de vous selon ses œuvres ».

15 Les prophètes des Baals, qui mangent à la table de Jézabel, périront dans l'abîme.

16 Écoutez-moi, mes frères : « Ainsi parle Jéhovah, le Dieu des armées : si tu marches dans mes voies et si tu gardes mes commandements, alors tu gouverneras ma maison, alors tu garderas mes parvis et je t'accorderai une place parmi ceux qui se tiennent ici » (Zacharie 3:7).

17 Gardez, mes frères, les commandements du Seigneur Jéhovah, regardez le fruit défendu, nourrissez-vous de son parfum, enivrez-vous de son arôme, mais n'en mangez pas, car pour ceux qui en mangent, pour les fornicateurs, il y aura le lac de feu et de soufre ardent, qui est la seconde mort.

18 Avec l'éjaculation séminale, ce sont des trillions d'atomes solaires qui se perdent, et nos organes sexuels puisent alors, en échange, des trillions d'atomes sataniques dans les enfers de l'homme ; ces atomes sont absorbés à l'intérieur du corps astral pour lui donner l'apparence de Satan.

19 La théorie négative des ténébreux consiste à tirer profit des hormones « incrétées » pour éveiller la Kundalini et obtenir des pouvoirs tantriques.

20 Avec cette pratique, ils éveillent l'aspect négatif du serpent, lequel, en s'enfonçant dans les propres enfers atomiques de l'homme, assume dans le corps astral cette forme tantrique que l'on représente avec la queue de Satan.

21 Les glandes sexuelles ne sont pas des capsules fermées, elles excrètent des hormones mais aussi « incrètent » des hormones.

22 Les prophètes des Baals qui mangent à la table de Jézabel tirent profit, au moyen de leur culte phallique, des hormones d'incrétion sexuelle pour éveiller leurs pouvoirs sataniques.

Et c'est ainsi que Jézabel, cette femme qui se dit prophétesse, par ses enseignements induit mes serviteurs à forniquer et à manger des mets offerts aux idoles.

23 « Et je lui ai laissé du temps pour se repentir de sa fornication ; et elle ne s'est pas repentie.
Je vais donc la jeter sur un lit, elle et ceux qui adultèrent avec elle, et les plonger dans une très grande épreuve, s'ils ne se repentent pas de leurs agissements » (Apocalypse 2:21-22).

24 Le mental de nos disciples doit se libérer des feux sataniques.

25 Le ténébreux Luzbel, habitant de l'Avitchi, porte, enroulé sur sa queue tantrique, un vieux parchemin où est écrite avec des caractères ténébreux cette Magie Sexuelle négative qu'enseignent le traître Parsifal Krumm-Heller et le sinistre Baal Omar Cherenzi Lind.

26 Il faut transmuter l'eau en vin, afin d'élever notre serpent métallique sur la verge comme le fit Moïse dans le désert.

27 C'est ainsi que l'âme s'unit avec l'Intime au sein des ardentes flammes universelles.

28 Le mental doit devenir chaste et pur au milieu du tonnerre auguste de la pensée.

29 Le mental ne doit pas manger de choses offertes aux idoles.

30 Le mental ne doit pas se laisser tromper par Jézabel.

31 Sois pur, mon frère, sois parfait, sois chaste, en pensée, en paroles et en actes.

32 Le chemin est très difficile, très resserré et très étroit, car

la chasteté ne plaît à personne.

33 Les spiritualistes de toutes les écoles détestent la chasteté, car c'est la porte de l'Éden, et l'Éden ne leur plaît pas, car ils mangent à la table de Jézabel et adorent les Baals.

34 « Efforcez-vous d'entrer par la porte étroite ; car beaucoup, je vous le dis, chercheront à entrer et n'y parviendront pas.
Dès que le maître de maison se sera levé et aura fermé la porte, et que, restés dehors, vous vous serez mis à frapper à la porte, en disant : Seigneur, Seigneur, ouvre-nous, il vous répondra : je ne sais d'où vous êtes.
Vous vous mettrez alors à dire : nous avons mangé et bu devant toi, tu as enseigné sur nos places.
Mais il vous dira : je vous dis que je ne sais d'où vous êtes ; loin de moi tous les faiseurs d'iniquité.
Là seront les pleurs et les grincements de dents, quand vous verrez Abraham, Isaac et Jacob, et tous les prophètes, dans le Royaume de Dieu et que vous vous verrez exclus » (Luc 13:24- 28).

35 Il y a dix-huit millions d'années que l'humanité fornique, et si le chemin de la fornication était positif, l'humanité vivrait dans un Éden d'éternelles merveilles, il n'y aurait ni famines ni guerres et les hommes seraient déjà des Anges.

36 Mais regardez bien l'humanité, mon frère, cela fait dix-huit millions d'années qu'elle éjacule le Semen. Serait-elle heureuse ? Les hommes sont-ils devenus des Anges ? La terre est-elle aujourd'hui un Éden ?

37 Si le chemin de la passion animale était le vrai, l'homme serait déjà un Ange.

38 Qu'ont-ils enseigné de nouveau, Parsifal et Cherenzi ?

39 Enseigner aux hommes à éjaculer le Semen, serait-ce donc une chose nouvelle ?

40 À quelle époque les hommes sont-ils devenus des Anges en forniquant ?

41 L'évolution humaine a échoué précisément à cause de l'éjaculation séminale.

42 Il y a eu, dans un temple du Tibet, une grande réunion de Mahatmas à laquelle ont assisté tous les grands créateurs de l'homme.

43 Des espaces infinis, est descendu un grand Fils du Feu et il parla ainsi :

44 « Mes frères, nous devons reconnaître que l'évolution humaine a échoué ; nous, les dieux, nous nous sommes trompés en créant l'homme.
Là-bas, à l'aurore de la vie, nous avons voulu convertir ces étincelles virginales en dieux et nous avons obtenu comme résultat des démons. »

45 Puis ce grand être énuméra un à un tous les prophètes qui furent envoyés à l'humanité et il raconta comment tous avaient été lapidés, persécutés, empoisonnés et crucifiés par l'espèce humaine.

46 Une fois son discours terminé, ce grand Fils de la Lumière sortit de l'enceinte.

47 Les Frères Majeurs consultèrent alors le Dieu Sirius, dans l'espoir de résoudre ce gigantesque problème.

48 La réponse ne tarda pas à venir, et on pourrait la synthétiser dans ces versets de l'Apocalypse :

« Elle est tombée, Babylone la Grande, et elle s'est changée en repaire de démons, en refuge pour toutes sortes d'esprits immondes et en gîte pour tous les oiseaux impurs et dégoûtants.
Car tous les gens ont bu le vin de la colère de sa fornication ; et les rois de la terre ont forniqué avec elle, et les trafiquants de la terre se sont enrichis de ses jouissances effrénées » (Apocalypse 18:2-3).

49 Seule une toute petite poignée d'âmes pourront se réincarner dans la nouvelle ère du Verseau.

50 Des millions d'âmes humaines séparées de l'Intime se sont déjà enfoncées dans le ténébreux abîme, et elles ne pourront pas se réincarner dans la nouvelle ère du Verseau.

51 Et la grande prostituée est revêtue de pourpre et d'écarlate, elle étincelle de pierres précieuses et de perles et elle tient un calice rempli d'abominations, de répugnantes impuretés et de fornications.

52 C'est Jézabel, à la table de qui mangent les prophètes des Baals. Les chiens dévoreront Jézabel dans la vallée de Jezreel.

53 Sur le front de Jézabel, qui se dit prophétesse, est inscrit ce nom mystérieux :
« BABYLONE LA GRANDE, LA MÈRE DES FORNICATIONS ET DES ABOMINATIONS DE LA TERRE. »

Le Chakra Coronal

1 Tu es arrivé à la chambre trente-trois, ô Arhat ! Les trois chambres hautes de ta tête sont maintenant unies au moyen du Feu.

2 Une cloche métallique fait trembler toutes les régions de la terre, et le centre coronal de ta glande pinéale resplendit au milieu des flammes brûlantes du Mental Cosmique.

3 Ta tunique blanche brille terriblement au sein du crépitement ardent des flammes universelles.

4 Des orchestres ineffables font vibrer tout le temple, au milieu des grands rythmes du Feu.

5 Cette rose ignée de ta couronne mentale fait resplendir ton visage et tes tempes augustes, parmi les ondulantes flammes du monde mental.

6 C'est le lotus aux mille pétales, c'est la couronne des Saints, c'est l'œil de la Polyvoyance, c'est l'œil de diamant.

7 Tu devras maintenant, ô Arhat, connecter la glande pinéale avec ta glande pituitaire, au moyen du Feu.

8 Persévère et ne te décourage pas, jette ta couronne, mon fils, aux pieds de l'Agneau.

9 Tu as reçu la couronne de la vie, ô Arhat !

10 Ce labeur, tu l'avais déjà réalisé avec la couleuvre ignée du corps physique, avec la couleuvre ignée du corps éthérique et avec la couleuvre ignée du corps astral.

11 Maintenant, mon frère, tu as réalisé ce labeur avec la couleuvre du corps mental. C'est le quatrième degré de pouvoir du Feu.

12 Tu devras plus tard accomplir un ouvrage identique avec la cinquième, la sixième et la septième couleuvre.

13 Elles sont constituées de deux groupes de trois, avec le couronnement sublime de la septième couleuvre qui nous unit avec l'Un, avec la Loi et avec le Père.

14 Nous devons passer sept fois par nos trente-trois chambres.

15 Les sept degrés du pouvoir du Feu sont échelonnés de façon spirale.

16 Ézéchiel décrit ainsi les sept degrés du pouvoir du Feu et les trente-trois chambres de notre temple :

17 « Et les chambres étaient chambre sur chambre, au nombre de trente-trois ; et des modillons s'enfonçaient dans le mur du bâtiment, tout autour, sur lesquels les chambres reposaient, ainsi elles n'avaient pas prise dans la demeure.
Et la largeur et le tour des chambres augmentait, d'un étage à l'autre ; et l'escalier tournant du temple montait très haut tout autour, par l'intérieur du temple : c'est là qu'est la seconde chambre haute de la tête, et c'est pourquoi la maison avait plus de largeur vers le haut ; et de la chambre basse on montait à la chambre haute par celle du milieu.
Et je regardai l'élévation tout autour du temple ; les fondations des chambres étaient d'une canne entière de six coudées de hauteur » (Ézéchiel 41:6-8).

18 « Et il me dit : les chambres du nord et celles du midi qui sont devant le parvis sont les chambres saintes où les prêtres qui s'approchent de Jéhovah mangeront les saintes

offrandes : c'est là qu'ils déposeront les offrandes saintes, l'oblation, l'expiatoire et le sacrifice pour le péché, car ce lieu est saint.

Quand les prêtres viendront, ils ne sortiront pas du lieu saint vers le parvis extérieur, mais ils laisseront là les vêtements avec lesquels ils officient, car ces vêtements sont saints ; et ils revêtiront d'autres vêtements et ainsi ils s'approcheront de l'endroit destiné au peuple » (Ézéchiel 42:13-14).

19 Chacune des trente-trois vertèbres de notre colonne vertébrale possède un Dieu d'une beauté immaculée.

20 Les trente-trois Dieux atomiques resplendissent tous, maintenant, de manière éclatante dans le mental de l'Arhat.

21 Les sept roses ignées de la moelle épinière étincellent ardemment avec le feu éclatant de ton canal médullaire ô Arhat !

Les Sept Roses Ignées de la Canne

1 Notre colonne vertébrale a sept roses ignées.

2 Le Feu Sacré du canal de la Sushumna fait entrer en activité ces sept roses ignées.

3 Le Feu Sacré est engendré lorsque les atomes solaires et lunaires de nos deux cordons ganglionnaires entrent en contact.

4 Ces deux cordons sympathiques sont appelés en Orient Ida et Pingala.

5 Ida et Pingala s'élèvent tout le long de la surface courbe de notre moelle épinière où se trouve le canal de la Sushumna.

6 Ces deux cordons sympathiques sont nos deux Témoins, nos deux oliviers et les deux chandeliers qui sont devant le Dieu de la terre.

7 Ces deux cordons surgissent du centre sacré appelé Triveni, et s'élèvent jusqu'à la moelle oblongue.

8 Quand les atomes solaires et lunaires de ces deux cordons entrent en contact dans le sacrum, le Feu Sacré s'éveille et alors entre en activité le Triveni ou Muladhara, qui est l'Église coccygienne, laquelle a le pouvoir d'ouvrir le chakra prostatique ou fondamental.

9 La colonne vertébrale est appelée par les Hindous Brahmadanda ou Bâton de Brahma et est également

symbolisée par la canne de bambou à sept nœuds que portent les Yogis de l'Inde.

10 Le canal de la Sushumna avec les deux cordons sympathiques est symbolisé par une canne de bambou à trois nœuds, dont se servent les Yogis transhimalayens qui se réunissent toujours sur le lac Mansoravara, et c'est pour cela qu'on les appelle : Tridandins ; cela symbolise le cordon brahmanique et les trois souffles vitaux de l'Akasha pur.

11 Le cordon ganglionnaire droit correspond à la fosse nasale droite, et le cordon ganglionnaire gauche appartient à la fosse nasale gauche.

12 Le cordon ganglionnaire du côté droit est solaire, positif ; le cordon ganglionnaire gauche est lunaire et négatif.

13 Quand les atomes solaires et lunaires du cordon brahmanique entrent en contact dans le centre sacré Triveni, alors la Kundalini entre en activité et s'ouvre un passage jusqu'au Brahmarandhra, qui est la fontanelle frontale des nouveau-nés, pour briller de façon resplendissante dans l'espace entre les sourcils puis, successivement, dans le cou et dans le cœur.

14 Dans le cœur se trouve le siège de Brahma ; dans le cœur est le siège d'ATMAN-BOUDDHI-MANAS. L'homme spirituel réside dans le cœur.

15 Le premier serpent, qui correspond au corps physique, parvient seulement jusqu'au Brahmarandhra, pour briller avec splendeur dans le chakra frontal. Ce centre a quatre-vingt-seize rayons.

16 Le second serpent, qui correspond au corps éthérique, arrive uniquement jusqu'à l'entre-sourcil.

17 Cependant, les cinq autres couleuvres doivent aller inévitablement jusqu'au cœur.

18 La deuxième rose de notre épine dorsale ouvre le plexus solaire. Ce centre a dix rayons : cinq actifs et cinq passifs.

19 Néanmoins, le Feu Sacré les met tous en complète activité.

20 Le cerveau et le cœur resplendissent totalement avec le Feu de la Kundalini.

21 La septénaire action du Feu Sacré dans la glande pinéale est reflétée dans l'aura du cœur, car elle met en activité les sept centres cardiaques.

22 Ce troisième centre entre en complète activité quand la Kundalini allume la troisième rose ignée.

23 Le chakra du cœur a douze pétales.

24 La quatrième rose ignée ouvre nos ailes ignées et est en relation intime avec le toucher.

25 La cinquième rose ignée ouvre notre chakra de la thyroïde et elle est en relation avec l'ouïe occulte. Ce chakra a seize pétales.

26 La sixième rose ignée appartient à la trente-deuxième vertèbre de notre colonne épinière, elle est la seconde chambre haute de la tête et elle ouvre le chakra frontal qui nous donne la clairvoyance.

27 Ce centre a quatre-vingt-seize rayons et, avec le feu sacré, il resplendit dans l'espace entre les sourcils.

28 Ce chakra frontal est l'organe de la vue du plan psychique.

29 Cet organe réside dans la glande pituitaire, laquelle a sept sortes d'hormones.

30 La septième rose ignée correspond à la glande pinéale.

31 Le corps pituitaire est seulement l'instrument ou le porte- flambeau de la glande pinéale.

32 La glande pinéale est en relation chez la femme avec l'utérus, et ses pédoncules avec les trompes de Fallope.

33 Chez l'homme, la glande pinéale se trouve en relation intime avec les glandes sexuelles.

34 Nous nous expliquons maintenant pourquoi ce chakra ne peut entrer en activité chez les fornicateurs.

35 Tout gaspillage sexuel se reflète dans la glande pinéale.

36 Dans la septième rose ignée, c'est toute la majesté de Dieu qui s'exprime.

37 Cette septième rose ignée est la couronne des Saints et elle a mille pétales d'une indescriptible splendeur.

38 Notre cerveau a sept cavités et notre cœur a aussi sept centres.

39 Ces sept cavités de notre cerveau correspondent aux sept gammes des harmonies divines et elles sont occupées par l'Akasha pur.

40 L'homme psychique-mental réside dans la tête, avec ses sept portails, et dans le cœur réside Atman-Bouddhi-Manas (l'homme céleste).

41 Nous devons unir le mental avec le cœur, à l'aide du Feu.

42 Le calice et le cœur doivent marcher en parfait équilibre, et cela n'est possible qu'en unissant la tête et le cœur au moyen du Feu.

43 Les circonvolutions cérébrales ont été formées par le tissu gris argenté du corps mental.

44 Le troisième ventricule du cerveau est plein de lumière, et cette lumière devient réellement resplendissante avec le Feu Sacré de la Kundalini.

45 La sixième cavité appartient à la glande pinéale.

46 La glande pinéale, ou centre coronal, est un corps oblong, arrondi, de six à huit millimètres de long, de couleur obscure, grisâtre, avec une teinte légèrement rougeâtre, et elle est connectée avec la partie postérieure du troisième ventricule du cerveau.

47 Elle comporte à sa base deux très fines et belles fibres musculaires qui se dirigent de façon divergente vers les couches optiques.

48 Le corps pituitaire se trouve connecté avec la glande pinéale par un canalicule capillaire extrêmement fin qui n'est déjà plus visible dans les cadavres.

49 Cette glande pinéale est entourée d'un sablon suprêmement fin.

50 Ce sablon est l'« Acerbulus Cerebri », la concrétion du corps mental, et l'instrument efficient du mental.

51 Dans la tête résident les sept chakras capitaux qui gouvernent les sept plexus.

52 Lorsque le corps mental est totalement christifié par la quatrième couleuvre, il se convertit en un instrument efficient pour l'Intime.

53 L'Être réel se sert du mental comme instrument de régulation et de contrôle pour les sept plexus astraux.

54 Le mental contrôle ses plexus par le moyen des sept chakras capitaux du cerveau.

55 Le plexus solaire est le cerveau de nos émotions, et quand il entre en activité il éveille les plexus hépatique et splénique.

56 Le cœur représente notre divine Triade, les plexus splénique et hépatique représentent notre quaternaire inférieur ; et le plexus solaire, ésotériquement, est le cerveau de l'estomac ; ésotériquement, nous y plaçons Saturne qui est le soleil de notre organisme.

57 Les spiritualistes de toutes les écoles ont étudié les chakras astraux, mais jamais il ne leur est arrivé d'étudier les sept chandelles du corps mental, qui resplendissent dans le Feu de l'Arhat.

58 Nos chakras sont septuples dans leur constitution interne, de même que notre couleuvre sacrée et notre cordon brahmanique.

59 Les sept roses ignées de notre moelle épinière sont également septuples dans leur constitution interne.

60 Notre cerveau a sept cavités et notre cœur a aussi sept centres divins.

61 Le Feu Sacré entre en activité lorsque les atomes solaires et lunaires du cordon brahmanique entrent en contact dans

le Triveni. Ce contact n'est possible qu'en pratiquant intensément la Magie Sexuelle avec notre prêtresse, ou au moyen du sacrifice qu'est l'abstention sexuelle totale et définitive.

62 Les Mantras les plus puissants que l'on connaisse dans tout l'infini pour éveiller le Feu Sacré sont, comme nous l'avons déjà dit : « KANDIL BANDIL Rrrrr ».

63 Ces Mantras doivent être vocalisés de cette manière : KAN à voix haute, DIL à voix basse ; BAN à voix haute et DIL à voix basse. La lettre R se prononce de façon répétée et prolongée, et sur un ton aigu, imitant le bruit produit par les grelots du serpent à sonnettes.

64 La première rose ignée de notre colonne vertébrale correspond aux organes de reproduction de la race et de la respiration.

65 La seconde rose ignée correspond au sens du goût. La troisième rose ignée correspond au cœur. La quatrième rose ignée correspond aux ailes. La cinquième rose ignée correspond à l'ouïe. La sixième rose ignée correspond au sens de la vue. Et la septième rose ignée correspond à l'œil de diamant, l'œil de Brahma, le chakra coronarien ou centre de la Polyvoyance qui nous permet de voir dans tous les plans de conscience.

66 Tous nos sens se trouvent en relation intime avec les tattvas et avec les différentes sphères, ou plans de conscience cosmique, qui s'expriment à travers les sept roses ignées de notre colonne vertébrale.

67 L'éveil de ces sept roses ignées nous donne accès aux plans superlatifs de conscience cosmique.

68 Cette ascension se réalise en spirale à travers les sept degrés de pouvoir du Feu.

69 Le Feu Sacré ouvre les avenues de la Vérité.

70 Le sens du toucher appartient à la quatrième rose ignée, dont les ailes éternelles nous permettent de remonter de sphère en sphère jusqu'aux plans de conscience superlative où règne seulement la félicité de l'Être.

La Canne de ton Corps Mental

1 La couleuvre de ton corps mental a maintenant atteint le Brahmarandhra, le centre sacré de la fontanelle frontale des enfants nouveau-nés.

2 C'est là qu'est l'orifice supérieur de ta canne, ô Arhat !

3 Cet orifice reste fermé chez les personnes communes et courantes, mais le Maître l'ouvre avec le Feu.

4 Reçois la canne symbolique de ton corps mental, ô Arhat !

5 Le Feu Sacré s'est ouvert un passage à travers ton crâne et il jaillit maintenant vers l'extérieur, vers l'atmosphère environnante, comme une gerbe de flammes qui étincellent avec ardeur.

6 Tu brilles dans le monde du mental comme un soleil resplendissant, ô Arhat !

7 Tu es devenu une flamme ardente dans le monde du Mental Cosmique.

8 Une musique ineffable résonne dans toutes les régions du temple. Reçois ton bouquet de fleurs, ô Arhat !

9 Un convoi de chemin de fer s'éloigne rapidement, tiré par une machine ardente, rouge comme le feu embrasant de l'espace.

10 Comprends bien ce symbole, mon fils.

11 Tu auras à tirer un train très lourd avec le Feu ardent de ton mental qui flamboie.

12 Tu devras tirer, mon fils, ce train de l'évolution humaine

sur les rails en spirale de la vie, pour l'emporter jusqu'au royaume du Père.

13 Et ainsi, peu à peu, tant bien que mal, tu transformes les hommes.

14 Le Feu transforme tout, cependant l'homme ne peut posséder la vie s'il n'a pas de connaissance pratique de la Gnose.

15 Le mental de l'Arhat resplendit parmi les flammes ardentes de Mahat, lorsque le Feu Sacré sort par le Brahmarandhra.

16 L'Œuf d'Or brille avec le Feu terrible de l'Arhat.

17 Dans cet Œuf d'Or est conservé l'arôme de toutes les innombrables personnalités que nous avons eues à travers cette roue des naissances et des morts.

18 Toutes ces personnalités sont mortes, mais leur arôme est resté greffé dans l'Arbre de la Vie (l'Intime) et dans l'Œuf d'Or.

19 Ce ne sont pas les personnalités humaines qui se réincarnent, mais l'Intime, la divine Triade, l'Arbre de la Vie, qui garde l'arôme de ses feuilles passagères (les personnalités passagères).

20 L'Œuf Aurique est l'armure protectrice qui protège tous nos véhicules internes, c'est l'aura de l'Intime.

21 L'Œuf Aurique est élaboré avec la substance même de l'Intime et il resplendit maintenant avec le Feu de l'Arhat.

22 Par les sept degrés de pouvoir du Feu, on synthétise toute la Sagesse et toute l'Omniscience des sept Cosmocréateurs.

23 Tu dois maintenant unir totalement ta glande pinéale avec ta glande pituitaire, à l'aide du Feu.

24 Dans l'Œuf d'Or sont enregistrées nos dettes karmiques.

25 L'Intime est un véritable agneau immolé qui doit payer le karma de chacune de ses personnalités passagères.

26 Les personnalités tantriques se séparent de l'Intime totalement et s'enfoncent dans l'Avitchi sans avoir pu greffer leur arôme dans l'Arbre de la Vie, dans la divine Triade réincarnante.

27 Dans ces circonstances, la Triade éternelle doit revêtir une nouvelle personnalité pour continuer son évolution cosmique, tandis que son ex-personnalité tantrique se désintègre peu à peu dans l'Avitchi.

28 Aujourd'hui, l'évolution humaine s'est avérée un échec, et la majeure partie des personnalités humaines sont déjà séparées de l'Intime.

29 Dans l'ère du Verseau, seuls pourront se réincarner ces Intimes qui n'ont pas perdu leur personnalité.

30 Les autres, ceux qui ont échoué, devront attendre dans les mondes internes que passe l'ère lumineuse du Verseau et, à l'âge du Capricorne, on offrira à leurs personnalités ténébreuses une dernière opportunité.

31 L'aurore du Sagittaire sera définitive, les Intimes qui seront alors parvenus à dominer leurs personnalités rebelles pourront assimiler l'arôme de ces personnalités, leurs extraits animiques, afin de poursuivre leur évolution cosmique à travers la roue des naissances et des morts.

32 Ceux qui auront échoué perdront totalement leur personnalité tantrique et, après avoir revêtu une nouvelle personnalité, ils continueront leur évolution cosmique comme « retardataires ».

33 Les ex-personnalités tantriques de ces retardataires, séparées de leur Être supérieur, se désintégreront peu à peu dans l'Avitchi.

34 Notre Triade réincarnante est formée d'Atman-Bouddhi-Manas. Cette Triade est éternelle et indestructible.

35 C'est l'Intime avec ses deux âmes jumelles : la Divine et l'Humaine.

36 C'est l'AOM à l'intérieur de nous.

37 Les personnalités terrestres sont comme les feuilles de ce merveilleux Arbre de la Vie.

38 Le Feu Sacré de l'Arhat nous permet d'étudier tous ces grands mystères du Feu dans la Rose Ignée de l'univers.

39 Tout ce que nous avons dit sur l'Avitchi dans ce chapitre peut être synthétisé par ces versets des Évangiles :

40 « Il leur dit : Celui qui sème le bon grain, c'est le Fils de l'Homme.
Le champ, c'est le monde ; et le bon grain, ce sont les enfants du royaume ; l'ivraie, ce sont les fils du malin.

Et l'ennemi qui la sème, c'est le diable. la moisson, c'est la fin du monde, et les moissonneurs, ce sont les anges.

De même qu'on ramasse l'ivraie et qu'on la consume au feu, ainsi en sera-t-il à la fin de ce siècle.

Le Fils de l'Homme enverra ses anges, et ils enlèveront de son royaume tous les scandales et tous les faiseurs d'iniquité.

Et ils les jetteront dans la fournaise de feu, là seront les pleurs et les grincements de dents.

Alors les justes resplendiront comme le soleil dans le royaume de leur Père : celui qui a des oreilles pour entendre, qu'il entende » (Mathieu 13:37-43).

Devins et Prophètes

1 « Parce que les Théraphim ont parlé avec des mots vides, que les devins ont eu des visions menteuses, qu'ils ont prononcé des songes creux, qu'ils ont consolé de manière fallacieuse, voilà pourquoi les gens sont comme des brebis égarées, ils sont misérables car ils n'ont pas de pasteur » (Zacharie 10:2).

2 Nous devons faire une distinction entre les devins et les prophètes.

3 Éliphas Levi a dit ce qui suit : « Devin vient du mot divinus, divinaris, qui signifie exercer la divinité ». Le mot espagnol pour devin est « adivino » : nous remarquons, précédant le mot « divino », la particule A.

4 La grammaire dit que le « A » est une préposition qui marque la séparation, l'éloignement. Par exemple Theos signifie Dieu, mais si nous mettons devant la particule A, nous formons le mot Atheos qui désigne celui qui ne croit pas en Dieu (athée). « Adivino » représente donc précisément le contraire de ce qui est divin, c'est-à-dire ce qui est diabolique. Apolitique se dit d'une personne qui n'a pas d'opinion politique.

5 Si nous lisons soigneusement la Bible, nous n'y découvrons pas une seule parole en faveur des devins.

6 Lorsque le roi Nabuchodonosor a ordonné d'appeler des magiciens, des astrologues, des devins et des enchanteurs afin qu'ils devinent et interprètent le rêve de la statue, il n'y

eut pas un seul devin qui pût révéler au Roi ce secret ; seul un prophète de Dieu répondit devant le roi et dit :

« Le mystère que réclame le Roi, ni les sages, ni les astrologues, ni les magiciens, ni les devins n'ont pu le découvrir au Roi.

Mais il y a un Dieu dans les Cieux, qui révèle les mystères, et Il a fait connaître au roi Nabuchodonosor ce qui doit arriver à la fin des jours. »

7 Ce passage, tiré du second chapitre (versets 27 et 28) du Livre de Daniel, nous invite à méditer.

8 Daniel, le prophète du Dieu vivant, fut le seul à pouvoir révéler à Nabuchodonosor son rêve.

9 Les devins et voyants ténébreux sont des magiciens noirs.

10 Les prophètes sont des voyants de la lumière, ce sont des magiciens blancs.

11 Les devins voient les images de l'abîme et leurs songes sont des songes de l'abîme avec lesquels ils pronostiquent des événements qui peuvent ne pas se produire, car les images de l'abîme ne se cristallisent pas toujours dans le monde physique.

12 Les scènes ténébreuses de l'abîme existent réellement dans l'abîme, mais elles ne se cristallisent pas toutes les fois dans le monde physique.

13 Les prophètes sont des voyants de la lumière, des hommes de Dieu illuminés par l'Esprit-Saint, et leurs prédictions sont exactes car leurs glandes pinéale et pituitaire sont totalement illuminées par le Feu Sacré.

14 Les Chelas de la Fraternité Blanche sont des apprentis, ce sont des disciples des prophètes, et ils peuvent donc servir

de messagers des prophètes, et transmettre aux hommes la parole des saints Maîtres.

15 Pour être prophète il faut avoir reçu l'Esprit-Saint.

16 Cependant, les disciples de notre Loge Blanche sont des messagers des prophètes, des disciples des prophètes.

17 Les songes vains appartiennent à l'abîme.

18 Les songes de la lumière relèvent de la lumière.

19 Parmi les prophètes il y a des hiérarchies.

20 L'Illumination s'accomplit peu à peu, car « la nature ne fait pas de bonds ». Il y a en toutes choses des paliers et des paliers, des degrés et des degrés.

21 Il existe le voyant du voyant, et le prophète du prophète.

22 Le voyant du voyant c'est l'Intime, le prophète du prophète c'est l'Intime.

23 Les visions lumineuses de nos disciples proviennent des Hiérarchies Blanches.

24 Nonobstant, si nos disciples se livrent à la fornication et se tiennent sur le chemin noir, ils s'éloignent du chemin des prophètes et se transforment en devins.

25 Leurs songes sont alors des songes de l'abîme, ce sont des songes vains, et leurs pronostics ténébreux failliront lamentablement, produisant en eux la confusion, la honte, et leur faisant perdre la face.

26 Les prophètes sont les Maîtres de la Vénérable Loge Blanche.

27 Les devins, ce sont les magiciens noirs, les voyants ténébreux, les prophètes des Baals qui mangent à la table de Jézabel et enseignent à forniquer et à manger des mets offerts aux idoles.

28 Nos disciples doivent suivre le sentier de la perfection, ils doivent être purs, purs, purs, afin que le cristal extrêmement pur de leur imagination soit un miroir parfait où puissent se refléter toutes les images précieuses du Feu Universel.

29 Toutes les pensées impures, toutes les haines, toutes les envies, jalousies, méchancetés, etc., ternissent le cristal purissime de la clairvoyance, convertissant nos disciples en voyants des ombres, en devins (adivinos).

L'Arbre de la Science du Bien et du Mal

1 « Puis Jéhovah Dieu dit : Voici que l'homme est devenu comme l'un de nous, connaissant le bien et le mal ; maintenant, qu'il n'étende donc pas la main, et ne cueille aussi de l'arbre de la vie, n'en mange, et ne vive pour toujours.
Et Jéhovah Dieu le renvoya du Jardin d'Éden pour qu'il cultive la terre d'où il avait été tiré.
Il jeta donc l'homme dehors et il posta à l'Orient du Jardin d'Éden des Chérubins, et une épée fulgurante qui battait l'air pour garder le chemin de l'arbre de la vie » (Genèse 3:22-24).

2 Mon fils, tu as déjà mangé de l'arbre de la science du bien et du mal, et tu as connu son fruit, « doux dans la bouche et amer dans le ventre ».

3 Tu as déjà connu, mon frère, ce qu'est la joie d'avoir un enfant et la douleur de le perdre, tu as joui de tous les plaisirs de la race, tu t'es vautré comme le cochon dans la fange et tu t'es abreuvé de toutes les coupes tentatrices.

4 À présent, mon fils, brise la coupe de la fornication pour que tu retournes à l'Éden, connaissant le bien et le mal comme l'un de Nous.

5 Il y a dix-huit millions d'années que tu manges du fruit défendu, tu connais déjà la saveur de ce fruit, mon frère, et tu as acquis la connaissance du bien et du mal au prix d'une très grande amertume.

6 Prends la résolution de ne plus manger de cet arbre défendu, afin d'entrer à l'Éden, d'où tu es sorti.

7 Là tu mangeras de cet autre arbre de l'Éden, appelé « Arbre de la Vie » ; et tu vivras pour toujours, et des rivières d'eau pure sourdront de ton ventre.

8 Tu as déjà trop souffert, mon fils, tu es un habitant de la vallée de l'amertume ; à la sueur de ton front tu as mangé le pain de la terre, les épines et les chardons ont déchiré tes chairs.

9 Ne mange plus de ce fruit, mon fils. Entre maintenant à l'Éden par la porte par où tu es sorti. Tu connais déjà le bien et le mal, brise la coupe du péché et entre, mon fils entre. Tu es l'un de Nous, connaissant le bien et le mal.

10 N'essaie pas, mon frère, de briser ou de sauter les murs de l'Éden, car tu ne peux entrer au Paradis que par la porte par où tu es sorti.

11 L'homme est sorti du Paradis par la porte de la sexualité, c'est seulement par cette porte qu'il peut rentrer au Paradis.

12 L'Éden, c'est le sexe lui-même, et nous ne pouvons entrer à l'Éden que par où nous en sommes sortis.

13 C'est inutilement que les hommes vains monteront à l'assaut des murs de l'Éden.

14 Au Paradis, nous pouvons entrer seulement par la porte par où nous sommes sortis, et cette porte c'est la Sexualité.

15 C'est inutilement que les spiritualistes théoriseurs, les fornicateurs et tous les autres prophètes des Baals, qui mangent à la table de Jézabel, essaieront de briser les murs de l'Éden.

16 Tu as déjà connu, mon fils, le grec et le romain, tu as pris part à tous les exodes bibliques, et c'est tout juste si les austères Sacerdotes de toutes les religions de la terre ont pu offrir à ta souffrance une brève journée de consolation.

17 Tu as porté des silices, tu as fait des jeûnes et des pénitences, et les portiques de tous les temples de toutes les religions de la terre ont pu à peine consoler ton cœur meurtri, mais l'aiguillon du temps t'a fait éprouver les dures aspérités de la vie et sur ton chemin tu n'as rencontré aucun voyageur qui ait pu te consoler. Les religions catholique, protestante, bouddhiste ou musulmane, etc., sont des feuilles déjà fanées dans ton cœur endolori.

18 Tu as été homme, tu as été femme et tu as eu des adorateurs au pied de ta fenêtre. Et tu as participé joyeusement à des orgies, des banquets, des festins, des beuveries tapageuses.

19 Tu as été indigente, humble, mendiante, vieille, délaissée, et les marchands t'ont jetée à coups de pieds de leur boutique.

20 Tu as été une grande dame entourée de parfums, d'or et de soieries, et chaque fois que la mort t'a visitée, tu as vu la vanité des choses passagères.

21 Rappelle-toi ton premier amour. Rappelle-toi d'où tu es sorti, et entre par la porte de l'Éden, mon frère.

22 La porte de l'Éden, c'est la Sexualité, et c'est par cette porte que tu es sorti quand le Seigneur Jéhovah t'a chassé pour avoir désobéi à son commandement.

23 Obéis, maintenant, mon fils, et entre !

24 « O Liban, ouvre tes portes, et que le feu brûle tes cèdres !

»
(Zacharie 11:1).

25 « Ainsi parle Jéhovah Sabaoth : si tu marches dans mes voies et gardes mes commandements, tu gouverneras ma maison et tu garderas aussi mes parvis, et je t'accorderai une place parmi ceux qui se tiennent ici » (Zacharie 3:7).

La Clairvoyance

1 Nous avons déjà expliqué, dans un chapitre précédent, ce qu'est la divine clairvoyance.

2 Parmi les clairvoyants, il y a des degrés et des degrés, car l'Illumination s'accomplit par degrés successifs, peu à peu.

3 Il faut faire une différenciation entre la clairvoyance des disciples et la clairvoyance des Maîtres.

4 Lorsque le Maître a fait monter son premier serpent jusqu'à l'espace entre les sourcils, son corps bouddhique reçoit la clairvoyance bouddhique, et alors, sur cet espace entre les sourcils de son corps bouddhique, resplendit une étoile à cinq pointes qui irradie une lumière blanche éclatante et immaculée.

5 Quand le Maître a conduit son second serpent jusqu'à l'entre-sourcil, le chakra frontal du corps éthérique s'ouvre et le Maître acquiert alors la vue éthérique.

6 Quand le Maître a fait arriver son troisième serpent au chakra frontal du corps astral, il devient alors clairvoyant dans le monde astral.

7 Lorsque le Maître a fait parvenir son quatrième serpent au chakra frontal du corps mental, il devient clairvoyant dans le monde mental, et ainsi de suite avec les sept degrés de pouvoir du Feu.

8 Cependant, les disciples peuvent faire tourner leurs chakras et devenir ainsi clairvoyants.

9 C'est ainsi que les disciples se préparent pour l'avènement du Feu.

10 Mais, si puissante que soit la clairvoyance d'un disciple, si on la compare avec la splendeur du chakra frontal d'un Maître des Mystères Majeurs, elle ressemble à une misérable bougie à côté de la lumière resplendissante du soleil.

11 Le Feu Sacré de ton corps mental s'est ouvert un passage jusqu'au chakra frontal de ton mental, ô Arhat !

12 Tu as vaincu les ténèbres, tu as vaincu les ténébreux, et la porte de ton chakra frontal s'ouvre.

13 Par là sort maintenant la blanche colombe de l'Esprit-Saint parmi les flammes embrasantes du Feu qui flamboie.

14 Reçois maintenant une petite pierre de couleur marron, reçois-la, mon frère, tu es à présent un clairvoyant de Mahat.

15 Pénètre dans le temple, mon frère, pour recevoir la fête.

16 Il est maintenant nécessaire, mon fils, d'unir au moyen du Feu le mental et le cœur.

17 Le cœur et la tête doivent marcher en parfait équilibre. Le cœur et la tête doivent marcher équilibrés. Le cœur et la tête doivent marcher en parfaite harmonie et ceci n'est possible qu'en unissant le cœur et la tête par le moyen du Feu.

18 De l'entre-sourcil au cœur, il y a une avenue, il y a un chemin, et certaines chambres secrètes par où le Feu doit passer.

19 Sans le pouvoir du Feu, le cœur et le mental ne peuvent absolument pas s'harmoniser et s'équilibrer.

20 Les spiritualistes de toutes les écoles parlent de l'équilibre entre le mental et le cœur, mais il est impossible que l'esprit et le cœur arrivent à s'équilibrer sans le pouvoir du Feu.

21 La tête et le cœur ne peuvent s'unir qu'au moyen de la Kundalini.

22 Le Feu connecte le mental avec la divine Triade qui réside dans le cœur.

23 Le mental nous donne le pain de la Sagesse, quand il se connecte avec le cœur au moyen du Feu.

24 L'homme mental réside dans la tête et l'homme céleste réside dans le cœur.

25 Il faut, à l'aide du Feu, unir l'homme mental et l'homme céleste.

26 La Kundalini unit le mental et le cœur.

27 Les intellectuels sont des êtres dépravés moralement, car ils n'agissent que sous la direction du Gardien du Seuil du corps mental, sans écouter la voix de l'homme céleste qui réside dans le cœur.

28 Le mental doit se transformer en un instrument du cœur.

29 Nous devons apprendre à penser avec le cœur.

30 Le mental doit couler délicieusement, avec l'exquis sentiment du cœur.

31 Le mental doit devenir affectueux et simple.

32 La sagesse du cœur illumine le mental.

33 La sagesse du cœur se dépose dans le calice du mental, comme un sang rédempteur.

34 Le mental de l'Arhat est symbolisé par le Saint-Graal. 35

L'Amour du cœur est le summum de la Sagesse.

Le Champ Magnétique de la Racine du Nez

1 La première chambre du chemin igné qui va de l'entre-sourcil au cœur se trouve à la racine du nez.

2 Frappe fort aux portes de cette chambre, ô Arhat !

3 De fines tentations t'assaillent dans le monde de l'entendement cosmique.

4 On t'offre des richesses, des opportunités érotiques, dissimulées sous de sublimes intentions apparentes.

5 Reste alerte, comme la sentinelle en temps de guerre, car ces fines épreuves sont dangereuses, ô Arhat !

6 À la racine du nez existe un champ magnétique où les atomes solaires et lunaires de notre système séminal entrent en contact.

7 Ce contact n'est possible que par le moyen de la Magie Sexuelle, car les fosses nasales sont en relation étroite avec l'Église coccygienne grâce aux deux cordons ganglionnaires de notre moelle épinière.

8 Les Yogis de l'Inde, au moyen du Pranayama et de la chasteté, sont parvenus à ce contact des atomes solaires et lunaires dans le champ de la racine du nez et dans le Muladhara.

9 L'Akasha pur circule dans le canal de la Sushumna, et ses deux courants solaire et lunaire entrent en contact dans le

champ magnétique du nez, lorsque nous pratiquons intensément la Magie Sexuelle.

10 Ce sont les trois souffles vitaux du cordon brahmanique.

11 Ces trois souffles vitaux, l'Intime les gouverne grâce au pouvoir de sa Volonté.

12 Ces canaux, solaire et lunaire, doivent être parfaitement purs afin que les courants solaire et lunaire puissent circuler librement dans leurs cordons ganglionnaires, et pour que l'Akasha pur du canal de la Sushumna puisse couler librement dans l'épine dorsale.

13 C'est pour cette raison qu'on interdit toute fornication tant aux Gnostiques qu'aux Yogis et aux Mystiques.

14 Les trois souffles vitaux, rendus plus vigoureux par le pouvoir de la volonté, convertissent les fornicateurs en magiciens noirs, et les hommes saints et chastes en magiciens blancs.

15 Ces trois souffles vitaux, lorsqu'ils sont mêlés avec la fornication et avec l'éjaculation « scientifique » du cours de Magie Sexuelle de Parsifal Krumm-Heller ou d'Omar Cherenzi Lind, transforment les êtres humains en magiciens noirs.

16 Durant la transe sexuelle, notre substance séminale descend dans la bourse qui lui est destinée. Si cette substance séminale est répandue, nous perdons des millions d'atomes solaires christiques qui, à cause du mouvement de contraction des organes génitaux, sont aussitôt remplacés par des millions d'atomes démoniaques qui s'introduisent dans le cordon brahmanique ; si, au moyen de la volonté, nous renforçons les trois souffles de l'Akasha pur, alors, du

mélange de l'Akasha avec les atomes puisés dans les enfers de l'homme résulte l'éveil du serpent luciférien, de façon négative et démoniaque.

17 Avec l'éveil des pouvoirs tantriques, le quaternaire inférieur finit par divorcer de la divine Triade et se convertir en un démon pervers de l'abîme.

18 Cette séparation s'effectue lorsque le pont, appelé Antahkarana, qui connecte le quaternaire inférieur avec la divine Triade, est rompu.

19 L'Antahkarana correspond au cordon ombilical du fœtus.

20 Avec la Magie Sexuelle ténébreuse et négative du magicien noir Omar Cherenzi Lind et du traître Parsifal Krumm-Heller, les trois airs vitaux sont fortifiés puis, par suite de leur mixtion avec les atomes sataniques recueillis par les organes sexuels, après l'éjaculation tantrique, le serpent igné s'éveille de manière négative.

21 C'est ainsi que les disciples de Cherenzi et ceux du traître Parsifal se séparent de la divine Triade et se convertissent en démons pervers.

22 À partir de Sushumna, Ida et Pingala, il y a un mouvement de circulation akashique qui s'établit et coule à travers tout le corps.

23 Le champ magnétique de la racine du nez est un champ de bataille et un poste de guet.

24 C'est là que les atomes défenseurs de l'organisme ont leur poste de guet pour empêcher l'entrée des atomes indolents et nuisibles qui produisent les maladies.

25 Les atomes transformateurs et les atomes aspirants de notre organisme entrent par ce champ magnétique pour se mettre au service de l'atome Noûs du cœur.

26 Tout le processus des Grandes Initiations s'accomplit dans les chambres ardentes secrètes du canal de la Sushumna.

27 Les quatre Grandes Initiations des Mystères Majeurs sont appelées : SROTAPANNA, SAKRIDAGAMIN, ANAGAMIN, ARHAN. Ce sont les quatre sentiers qui conduisent au Nirvana.

28 Cependant, l'Arhan, bien qu'il soit un Adepte, doit encore élever les cinquième, sixième et septième serpents de sa divine Triade éternelle pour se convertir en un Arhat de la « Brume de Feu ».

29 Ce sont les sept Grandes Initiations des Mystères Majeurs.

30 Il y a donc sept serpents que nous devons faire monter en pratiquant intensément avec sa femme la Magie Sexuelle ou grâce à la force du sacrifice que représente une abstention sexuelle totale et définitive, comme celle de ces Yogis véritables qui suivent le sentier de la perfection, ou comme celle des mystiques sublimes, Ramakrishna, François d'Assise ou Antoine de Padoue.

31 Les Maîtres de la septième échelle ardente ne sont déjà plus qu'à un pas de la racine fondamentale de leur Hiérarchie.

32 Cette racine fondamentale de la Hiérarchie Blanche se trouve renfermée dans le « Banian Humain ».

33 Cet être merveilleux est le Maître des Maîtres de la Grande Loge Blanche, SANAT KUMARA, le fondateur du Collège des Initiés de la Fraternité Blanche Universelle.

34 Il est l'un des quatre Trônes dont parle la Bible.

35 Ce Grand Être descendit sur notre terre au début de l'époque Lémurienne, avant la séparation des sexes, pour fonder le Collège d'Initiés de la Grande Hiérarchie, et il est incarné dans le même corps physique depuis ce passé lointain, sans que la mort n'ait aucun pouvoir sur lui. Il vit en Asie.

36 L'Arhan qui parvient au monde de la « Brume de Feu » n'est plus qu'à un pas des Huitième et Neuvième Initiations de la « Racine fondamentale » de la Hiérarchie.

37 On parvient à ces sommets en pratiquant la Magie Sexuelle, ou en faisant le serment d'une abstention sexuelle totale et définitive et en foulant le sentier de la sainteté parfaite.

38 Le karma n'est plus un obstacle car nous pouvons payer toutes nos dettes en nous sacrifiant jusqu'à la dernière goutte de notre sang en faveur de tous les êtres humains qui peuplent la face de la terre.

39 « Bienheureux l'homme que Dieu punit. Aussi, ne méprise pas la correction du Tout-Puissant » (Job 5:17).

40 Celui qui a du capital avec quoi payer, paie, et il s'en tire bien dans ses affaires.

41 Fais de bonnes œuvres pour être en mesure de payer tes dettes.

42 Quand une loi inférieure est transcendée par une loi supérieure, la loi supérieure efface la loi inférieure.

43 Le Lion de la Loi, on le combat avec la balance.

44 Ainsi donc, l'homme peut rompre ses chaînes quand il le veut, monter ses sept échelles ardentes et se convertir en un Dragon de la Sagesse, parmi la « Brume du Feu ».

45 L'atome primordial ANU est l'atome le plus pur qui entre par le champ magnétique de notre nez ; cet atome ne peut être multiplié, dans l'état pré-génétique ou primo-génétique ; il est la somme totale, omni-embrassante, omnisciente, omniprésente, illimitée et absolument divine.

46 Toute activité atomique du champ magnétique du nez et du chakra Muladhara est fondée sur cet atome.

47 Fohat sélectionne les atomes qui doivent pénétrer par nos fosses nasales.

48 Fohat combine les divers éléments atomiques afin qu'ils servent à nos fins divines.

49 Chaque être humain possède son propre Fohat ; chaque monde cosmique possède son propre Fohat et la somme totale de tous les Fohat constitue un Fohat universel, le Feu universel de la vie, dont les intelligentes flammes combinent les éléments atomiques de l'espace pour féconder la matière chaotique.

50 « La mère dort, mais elle respire toujours. »

51 Chaque atome du Cosmos est condamné à d'incessantes différenciations ; seul l'atome ANU n'admet pas de différenciations.

52 « L'haleine du Père-Mère sort froide et radiante, elle se réchauffe et se corrompt, pour se refroidir de nouveau et être purifiée dans le sein éternel de l'espace intérieur. »

53 Tout respire, tout flue et reflue, tout exhale et absorbe.

54 Tout phénomène de respiration se fonde sur la respiration de l'Absolu.

55 L'Absolu exhale et absorbe.

56 Chaque exhalation de l'Absolu est un Jour Cosmique ; et chaque inhalation de l'Absolu représente une Nuit Cosmique.

57 Lorsque le cœur de notre système solaire a commencé à palpiter après la grande Nuit Cosmique, il répéta l'exhalation et l'absorption de l'absolu, à l'intérieur de ses sept centres « LAYA » dont les masses chaotiques furent fécondées par Fohat afin que du Chaos émanent les sept mondes de notre système solaire.

58 Cette respiration de l'Absolu se répète dans l'atome, se répète dans la fourmi, se répète en l'aigle et en l'homme.

59 Tout flue et reflue, tout va et vient, tout vibre et palpite avec ce rythme de la respiration divine.

60 Durant les premières dynasties des pharaons de la vieille Égypte, j'ai reçu la clé de la Magie Sexuelle dans la salle sacrée d'une vieille pyramide brûlée par le soleil du désert.

61 Le Maître, vêtu de sa tunique blanche, se tenait debout près d'une tige verticale qui représentait symboliquement le Phallus.

62 Avec cette voix sobre et austère des vieux Hiérophantes, il m'instruisait calmement sur les grands Mystères du Sexe.

63 Assis sur un fauteuil, j'écoutais attentivement l'Hiérophante.

64 Puis, dirigeant sur moi ses yeux pénétrants, il me dit, d'une voix forte et autoritaire : « Découvre ton CHE-CHE-RE ». Je découvris alors mon organe sexuel et le Maître, de bouche à oreille, me communiqua le secret indicible du Grand Arcane qui consiste à se connecter sexuellement avec sa femme et se retirer d'elle sans éjaculation séminale, c'est-à-dire, en refrénant l'acte.

65 Puis je pratiquais mon premier rituel de Magie Sexuelle avec ma prêtresse, sous la direction de l'Hiérophante.

66 « C'est merveilleux ! » m'exclamais-je.

67 Celui qui violait le secret indicible du Grand Arcane était condamné à la peine de mort, on lui tranchait la tête, on lui arrachait le cœur et ses cendres étaient jetées aux quatre vents.

68 Quand le Semen n'est pas répandu, le désir refréné fait monter notre énergie séminale pleine de billions d'atomes christiques qui illuminent de leur lumière et leur éclat les trois canaux par où circule l'Akasha pur.

69 Le mélange des atomes christiques résultant de la transmutation de notre Semen en énergie, se combinant avec l'Akasha pur, éveille la Kundalini positivement et s'ouvre un passage vers le haut, vers le Brahmarandhra, à travers les trente-trois chambres de notre colonne épinière ; c'est ainsi que l'on parvient à l'Adeptat.

70 J'ai reçu mon éducation aux pieds des grands Hiérophantes des pyramides et j'ai connu l'antique Sagesse des vieux Sages des temples de Mystères.

71 C'est pour cela qu'en voyant aujourd'hui ces petits hommes du vingtième siècle forniquer « mystiquement », je ne peux moins que ressentir pour eux une infinie pitié.

72 Le souffle akashique pénètre par nos fosses nasales et descend par notre cordon brahmanique.

73 Quand l'Akasha est renforcé par notre volonté et par la volonté des Hiérarchies Cosmiques, il descend d'en haut, du Ciel, d'Uranie, et se précipite dans les profondeurs de notre canne en produisant le son sifflant Sssss.

74 Et lorsque le souffle akashique heurte les courants solaire et lunaire et les atomes christiques qui composent la Kundalini, le Feu Sacré monte alors d'une vertèbre, d'un canon de plus, dans son ascension par les trente-trois canons jusqu'au Brahmarandhra.

75 Si le souffle akashique renforcé par la volonté, en descendant par notre cordon brahmanique, rencontre, au lieu des atomes christiques, des atomes de fornication, des atomes sataniques recueillis dans les enfers de l'homme par les mouvements de contraction des organes sexuels à la suite de l'éjaculation séminale, alors du choc de l'Akasha avec les atomes sataniques viendra l'éveil de la Kundalini de façon négative ; et un atome satanique résidant dans le Muladhara entrera en activité, contrôlant la Kundalini et la faisant descendre du coccyx vers le bas, vers les enfers atomiques de l'homme pour former cette fameuse queue avec laquelle on représente Satan.

76 Avec l'éjaculation séminale conseillée par le magicien noir Omar Cherenzi Lind et par le ténébreux et détraqué Parsifal Krumm-Heller, les organes sexuels recueillent, par les contractions génitales, des atomes sataniques de

l'ennemi secret, lesquels, essayant de monter vers le haut, vers Uranie, sont repoussés violemment par le souffle akashique qui les précipite vers le bas, vers le coccyx, pour éveiller le Muladhara négativement et mettre en activité un certain atome de l'ennemi secret, lequel exerce alors un contrôle sur la Kundalini, la dirigeant vers le bas, vers les mondes de conscience submergés, formant la fameuse queue des démons.

77 C'est ainsi que les disciples des magiciens noirs se séparent de la divine Triade, formée d'Atman-Bouddhi-Manas, et se convertissent en personnalités tantriques de l'abîme.

78 L'Akasha n'est pas l'Éther, comme beaucoup le croient.

79 L'Akasha est la cause du son, la cause spirituelle du Verbe, l'Anima Mundi, le Divin, les Hiérarchies Divines dont le souffle entre par le champ magnétique de notre nez.

80 C'est ainsi que les Saintes Écritures disent que Dieu insuffla une haleine de vie dans les narines d'Adam et lui infusa une âme vivante.

81 « Alors Jéhovah Dieu forma l'homme avec la poussière du sol et insuffla dans ses narines une haleine de vie ; et en l'homme il y eut une âme vivante » (Genèse 2:7).

La Première Chambre Sainte de la Racine du Nez

1 Tu as triomphé d'épreuves subtiles, ô Arhat !

2 Entre maintenant, mon frère, dans la première chambre sainte du chemin qui va de l'espace entre les sourcils au cœur.

3 Tu as commencé à unir le mental et le cœur.

4 Pénètre maintenant dans le temple, mon frère, pour recevoir la fête.

5 Réjouis-toi, cœur, chante, mon fils.

6 Enfin, après tant de siècles, ton mental va s'unir avec ton cœur.

7 Que ton cœur chante, car ton mental s'est humilié devant la majesté de l'Intime.

8 Chante, cœur, car le mental avance en ta direction, au milieu du Feu ardent.

9 Chante, cœur, car la Sagesse se convertira maintenant en Amour.

10 Tu es entré dans la chambre sainte du champ magnétique de la racine du nez.

11 Le temple est en fête, mon fils, car la barque de ton mental arrive de l'autre bord vers les rivages ineffables de l'Éden où les rivières d'eau pure de la vie dispensent le lait et le miel.

12 Chante, cœur, chante, car la maison rebelle d'Israël s'est mortifiée et humiliée devant son Dieu.

13 Chante, cœur, chante, car ton navire avance à pleines voiles vers la porte de la lumière.

14 Chante, cœur, car ton mental s'est déjà libéré de toute espèce d'écoles, religions, ordres, sectes, loges, cages, concepts de patrie et de drapeau, préjugés, appétits, craintes, haines, envies, intellectualisme, sophismes, théories, etc.

15 L'intellectualisme peut seulement conduire les hommes à la Magie Noire, car il est toujours accompagné d'orgueil et d'égoïsme.

16 Ne sont-ils pas orgueilleux, les érudits du spiritualisme, ceux qui nous ont toujours attaqué et critiqué, et qui ont dénigré violemment nos œuvres ?

17 L'intellect en lui-même ne peut conduire les hommes qu'à la Magie Noire.

18 Ceux qui toujours nous critiquent, nous réfutent et nous attaquent, ne sont mus que par l'orgueil, l'égoïsme et la vanité.

19 Le maître H.P. Blavatsky a connu des adeptes d'intelligence très moyenne, mais quand même des adeptes.

20 Les pouvoirs des Maîtres proviennent de leur pureté de vie et des mérites du cœur.

21 Les pouvoirs d'un Maître proviennent de leur Dieu intérieur, et de l'harmonie avec la Nature et avec la Loi.

22 Après chaque réincarnation, lorsque l'ego personnel est restitué à sa divine Triade éternelle et qu'il abandonne le

corps mental, celui-ci se désintègre et ses atomes sont éparpillés dans le plan mental.

23 Ces atomes du mental sont attirés à nouveau quand l'Intime reconstruit son nouveau corps mental pour franchir les portes d'une nouvelle réincarnation dans l'école de la vie.

24 Ces atomes Manasiques, « causes » Karmiques, sont de la nature même du Manas, c'est-à-dire de la nature même du corps mental, et ils viennent composer les structures atomiques de ce nouveau corps mental.

25 C'est dans ces atomes qu'est enfermé notre karma.

26 Ce processus est répété à travers des millions de naissances et de morts.

27 Lorsque ces atomes du mental se sont unis avec l'Intime à l'aide du Feu du quatrième serpent, nous sommes alors délivrés de la roue des naissances et des morts.

28 Nonobstant, pour être un Nirvani sans résidus, nous devons nous libérer aussi bien du « bon » karma que du mauvais karma.

29 Nous ne devons pas devoir et il ne faut pas qu'on nous doive.

30 Tant que les Lions de la Loi nous doivent quelque chose, nous sommes des Nirvanis avec résidus.

31 Tant que nous devons quelque chose, nous sommes des Nirvanis avec résidus.

32 Nous devons passer au-delà du bien et du mal, nous devons passer au-delà de l'intelligence, et même au-delà des sphères ineffables de l'Amour.

33 Nous ne pouvons-nous élever à ces sommets de la lumière que par les degrés de l'Amour et du sacrifice.

34 Nous devons faire beaucoup de bien, par amour pour l'humanité.

35 C'est ainsi que nous payons nos dettes.

36 Plus tard, les Seigneurs de la Loi devront aussi nous payer le solde dû.

37 Finalement, nous nous libérerons du bon karma et du mauvais karma, et nous nous convertirons en Nirvanis sans résidus.

38 Le mental doit s'unir avec sa divine Triade, en même temps que les extraits animiques des véhicules astral, vital et physique.

39 C'est ainsi que notre Triade est renforcée par son quaternaire inférieur.

40 Le MANAS inférieur, avec le KAMAS, le PRANA et le LINGA, renforce la divine Triade, au moyen du Feu.

41 Nous n'utilisons de ce même mental et pour ces fins transcendantales, que son concentré animique.

42 Quand l'être humain est enfin capable de converser avec son Intime, face à face, en tête à tête, il est parvenu à l'état de Turiya.

43 Plusieurs se demanderont : comment est l'Intime ? Quel aspect a-t-il ?

44 Plus une personne est humble et simple et plus facilement elle peut comprendre la nature de notre divine Triade éternelle.

45 Cependant, les intellectuels ne peuvent comprendre la divine Triade que par la figure géométrique du Triangle.

46 Lorsque le mental s'unit avec le cœur, il vit dans la Triade et se nourrit totalement de la Triade.

47 Nonobstant, l'union du mental avec le cœur n'est possible que par le moyen du Feu.

Le Chemin Ardent

1 Le chemin igné qui va de l'entre-sourcil au cœur est gouverné par un Dieu atomique au pouvoir infini.

2 Avance d'un pas ferme vers la seconde chambre de ce chemin ardent, ô Arhat !

3 De fines tentations t'assiègent.

4 On t'offre des boissons et des plaisirs apparemment inévitables.

5 Le monstre vert de la jalousie t'assaille subtilement dans le monde de l'entendement cosmique où ton mental flambe ardemment.

6 Avance, Arhat ! Reste alerte et vigilant comme la sentinelle en temps de guerre.

7 Ce chemin ardent qui va de l'entre-sourcil au cœur est très étroit, très difficile, et il est rempli de tentations extrêmement subtiles.

8 Ce qui est le plus dangereux, c'est le passé douloureux de ta vie, mêlé à de subtiles tentations.

9 Tu dois demeurer ferme contre tous ces subtils dangers.

10 Plus une tentation est fine et plus elle s'avère dangereuse.

11 Durant ces épreuves, tu dois démontrer un parfait équilibre du mental et du cœur.

12 Tu approches de la deuxième chambre du chemin igné qui va de l'espace entre les sourcils au cœur.

13 Tu as triomphé des épreuves, mon fils.

14 Un groupe d'Anges célèbre avec allégresse ta victoire.

15 Tu as remporté le droit d'entrer au Nirvana.

16 Tu as remporté le droit d'entrer dans la cavalerie de l'armée du ciel.

17 Pénètre dans ta chambre, mon fils, pour célébrer ta fête. Tu es un Nirvani.

18 Tu as pénétré dans le bonheur ineffable du Nirvana et toutes les Hiérarchies divines sont pleines d'allégresse à cause de ton triomphe.

19 Tu es maintenant un Bienheureux.

Le Larynx Créateur

1 Tu es maintenant arrivé à la fleur resplendissante de ton larynx créateur.

2 Le Verbe des Dieux s'exprime à travers le larynx créateur.

3 Hadith a fleuri, faite verbe, entre tes lèvres fécondes.

4 Hadith est le serpent ailé de la Kundalini.

5 Le nom ésotérique de la Kundalini est SOLU-SIGI-SIG.

6 C'est aussi le nom du Soleil central.

7 On peut vocaliser chacune de ces lettres de cette façon : SSSSSS OOOOOO LUUUUU - SSSSSS IIIII GGGGGG IIIII - SSSSSS IIIII GGGGGG.

8 On vocalisera chaque lettre séparément, en allongeant le son de chacune, comme nous venons de l'indiquer.

9 L'important c'est de prolonger le son de chaque voyelle. La « voyelle » S est comme un sifflement doux et paisible :

10 « Et il lui a dit : Sors et tiens-toi dans la montagne devant Jéhovah. Et voici Jéhovah qui passait et il y avait un grand et puissant vent qui fendait les montagnes et brisait les rochers en avant de Jéhovah : mais Jéhovah n'était pas dans le vent. Et après le vent, un tremblement de terre : mais Jéhovah n'était pas dans le tremblement de terre.
Et après le tremblement de terre, un feu : mais Jéhovah n'était pas dans le feu. Et après le feu, un sifflement doux et léger.

Et quand Élie l'entendit, il se couvrit le visage avec son manteau et il sortit, et il se tint à l'entrée de la grotte. Et voici qu'une voix lui parvint, disant : Que fais-tu ici, Élie ? » (1 Rois 19:11-13).

11 Le S en tant que Mantra nous permet de sortir de notre grotte (le corps physique) et d'entrer dans la montagne (le plan astral).

12 La voyelle S est un Mantra pour sortir en corps astral.

13 Que le disciple s'assoupisse, faisant résonner entre ses lèvres le son doux et paisible du S, et lorsqu'il se trouvera dans l'état de transition entre la veille et le sommeil, qu'il se lève de son lit et sorte de sa chambre, en direction de l'Église Gnostique.

14 Là nous lui enseignerons et nous l'instruirons dans la Sagesse divine.

15 Cependant, nous devons préciser à nos disciples que l'explication que nous venons de donner doit se traduire en action immédiate.

16 L'étudiant doit se lever de son lit avec autant de naturel que le ferait un enfant qui n'aurait aucune connaissance de l'occultisme. Ce n'est pas une pratique mentale, et cela doit se traduire en faits concrets, comme lorsqu'on se lève le matin pour prendre le petit déjeuner.

17 La voyelle S a un pouvoir terrible.

18 La voyelle S est la Rune SIG, et quand nous la vocalisons, il se produit dans l'atmosphère intérieure des éclairs qui ont le pouvoir d'éveiller la Kundalini.

19 L'organe sexuel de la future humanité divine sera le larynx créateur.

20 La gorge est un utérus où se génère la Parole.

21 La Kundalini donne au larynx tout le pouvoir omnipotent du Verbe créateur.

22 L'important, c'est d'apprendre à manier le principe féminin des forces solaires.

23 Les forces solaires féminines sont symbolisées par un aigle avec une tête de femme.

24 La Magie Sexuelle est le chemin.

25 Nous devons réaliser en nous le Christ, afin de parler le Verbe créateur, mais ce n'est possible qu'en apprenant à manipuler le principe féminin du soleil.

26 Nous savons néanmoins que la Magie Sexuelle est très ardue et très difficile pour les hommes à la volonté faible, et c'est pour cela que nous recommandons à nos disciples de pratiquer d'abord les exercices de la Rune THORN, afin d'acquérir la force de volonté qui leur permette de manipuler avec héroïsme la Magie Sexuelle.

27 Pour réaliser cet exercice, le disciple, la main droite posée sur la taille ou la hanche, vocalisera les syllabes : TI TÉ TO TU (Tou) TA en allongeant le son de chaque voyelle. Puis il vocalisera le Mantra THORN, de cette façon : TOOOOOORRRRRRRRRNNNNNNNNN.

28 Grâce à la pratique quotidienne de cet exercice, le disciple acquerra une puissante force de volonté, avec laquelle il pourra pratiquer la Magie Sexuelle et dominer la bête passionnelle.

29 La force de la volonté est symbolisée par la couronne d'épines du Nazaréen.

30 Il faut frapper fort le dur silex pour faire jaillir l'étincelle de l'immortalité.

31 La force de la volonté est la terrible force du sacrifice, c'est la couronne d'épines du Maître.

32 La volonté et le mouvement de la Kundalini sont étroitement liés.

33 La force de la volonté est la Rune ÉPINE (THORN), et le mouvement est symbolisé par le signe OLIN des Aztèques.

34 Les Runes ÉPINE et MOUVEMENT (Rune OS) renferment le secret de notre libération.

35 Il faut avoir de la force de volonté pour mettre en mouvement la Kundalini.

36 Les Hiérarchies en relation avec le département élémental des cèdres ont le pouvoir d'ouvrir la porte d'OLIN.

37 Cette porte est située à l'orifice inférieur de la moelle épinière, et c'est par cette porte que nous pénétrons dans les grands mystères du Feu.

38 Le Mantra pour ouvrir cette porte est THORN, que l'on prononce en allongeant le son de chaque voyelle, ainsi que nous l'avons indiqué plus haut.

39 Le Mantra THORN a le pouvoir de mettre en mouvement l'Akasha pur, afin d'éveiller la Kundalini et la faire monter à travers chacune des trente-trois vertèbres de notre épine dorsale.

40 Ce Mantra a le pouvoir de renforcer l'Akasha pur, à l'intérieur de notre cordon brahmanique.

41 OLIN, le signe sacré des Indiens aztèques, est la porte d'entrée aux grands mystères du Feu.

42 Pour faire les exercices d'OLIN, on devra poser la main droite sur la taille ; on dirigera ensuite les deux mains vers le sol, un peu vers la gauche, et on les posera enfin toutes les deux sur les hanches, en vocalisant le Mantra THORN.

43 On doit vocaliser en alternant les inhalations et les exhalations d'air pur, et avec la ferme intention d'apporter le Christ vital à chacun de nos sept corps.

44 Le signe d'OLIN est gouverné par le signe zodiacal du Scorpion qui régit les organes sexuels.

45 Nous savons déjà que tout le pouvoir de la Kundalini se trouve renfermé dans le Phallus et dans l'Utérus, et que l'union des deux est le secret pour éveiller la Kundalini.

46 Une fois, m'entretenant avec un Maître de la Grande Hiérarchie Blanche, il toucha mes organes sexuels afin de me soumettre à un examen. Je ressentis alors dans tout mon corps comme le choc d'une décharge électrique, et le Maître s'en égaya beaucoup, et me dit : « Vous allez très bien ».

47 La nature a son origine dans le Feu, et tout le pouvoir du Feu se trouve renfermé dans nos organes sexuels.

48 Le Maître Huiracocha, dans son Cours de Magie Runique, enseigne toutes ces choses, mais les Runes sacrées ne sont pas la propriété du Maître Huiracocha, car cette connaissance est aussi ancienne que le monde et appartient aux grandes Écoles de Mystères intérieurs.

49 Nous ne pouvons accepter cette affirmation du Maître Huiracocha selon laquelle ni les noirs ni les jaunes ne peuvent appartenir à la Loge Blanche, celle-ci étant uniquement pour les gens de race blanche.

50 Nous ne pouvons accepter ce genre de préjugés raciaux, car la Loge Blanche est Universelle.

51 Dans notre vénérable Loge Blanche, il y a des Maîtres de toutes les races. Nous ne devons pas oublier que les Maîtres Moria et Kout-Humi sont de race jaune.

52 La race blanche n'est ni supérieure ni inférieure aux autres, mais simplement différente, c'est tout.

53 Nous ne sommes pas d'accord, non plus, avec ce mépris que Huiracocha ressent envers la Sagesse orientale.

54 Le Christ a enseigné trois chemins pour parvenir à l'union avec l'Intime.

55 Lorsqu'il prêchait, rempli d'extase mystique, aux foules, il nous a montré le chemin de Ramakrishna, le chemin de Kempis et le chemin de François d'Assise. C'est le sentier d'Antoine de Padoue et de Thérèse de l'Enfant Jésus. C'est le sentier Mystique.

56 Lorsqu'il cheminait parmi les publicains, les pêcheurs et les buveurs de vin, avec Madeleine, la prostituée repentie, il nous a montré le sentier Gnostique.

57 Quand il s'est retiré dans la solitude du désert pendant quarante jours et quarante nuits, il a enseigné le chemin du Yoga oriental.

58 Les sept rayons d'évolution cosmique se réduisent à ces trois chemins que nous a désignés le Nazaréen.

59 Ainsi donc, nous ne pouvons mépriser la Sagesse orientale.

60 Tous les Intimes humains, sujets à la roue des naissances et des morts, appartiennent à ces trois chemins.

61 En outre, nous soutenons que la Magie Sexuelle entre homme et femme est le chemin pour parvenir au Nirvana.

62 Nous ne pouvons accepter pour aucune raison les préjugés raciaux du Maître Huiracocha.

63 Dieu n'a de préférence envers personne. Tous les êtres humains sans distinction de race, de sexe, de caste ou de couleur, sont des enfants bien-aimés du Père et ont les mêmes droits.

64 Nous ne pouvons non plus accepter la thèse absurde de Huiracocha, selon quoi c'est un péché qu'un homme d'une race se marie avec une femme d'une autre race, et que les enfants bâtards sont des enfants du Diable.

65 Nous reconnaissons que le Maître Huiracocha est un Guru de la Fraternité Blanche Universelle, et il est certain qu'il est Archevêque de l'Église Gnostique, mais lorsqu'il a fait ces affirmations dans son Cours de Magie Runique il s'est lamentablement trompé.

66 Il n'y a aucun doute que, si le Guru Huiracocha avait un corps physique, il rectifierait ces erreurs, car il est humain de se tromper, mais seul le sot entêté reste dans l'erreur.

67 « Sois, ô Hadith, le secret gnostique de mon Être, le point central de ma connexion, et fleuris, faite verbe, dans mes lèvres fécondes. »

68 Lorsque la Kundalini du corps mental parvient à cette rose ignée du larynx créateur, alors résonne dans les mondes internes une trompette du temple, et nous y pénétrons pour célébrer la fête.

69 Tous les êtres humains, blancs, noirs, jaunes, rouges, cuivrés, ont le droit de parler le Verbe de la Lumière et de faire partie de la Grande Fraternité Blanche Universelle, car tous nous sommes les enfants bien-aimés du Père.

70 Dieu n'a de préférences pour personne, il prend soin également, et de manière appropriée, de l'homme et de la fourmi, de l'oiseau et du reptile.

71 Dieu n'a pas de préjugés raciaux et il aime avec un amour infini tous ses enfants, sans distinction de race, de sexe, de caste ou de couleur.

72 Nous devons aimer tous les êtres humains, donner jusqu'à la dernière goutte de notre sang pour tous nos frères de cette grande famille humaine.

73 Les malveillants me critiquent parce que j'enseigne à l'humanité la doctrine secrète des Gnostiques.

74 Je diffuse tous ces enseignements ésotériques afin de sauver tous mes frères de l'humanité.

75 Tout ce que je connais est pour mes frères, et je suis disposé à leur enseigner les choses les plus sacrées de l'univers, pour qu'ils entrent à l'Éden, comme j'y suis entré.

La Quatrième Chambre

1 Tu es arrivé à la quatrième chambre du chemin étroit qui va de l'entre-sourcil au cœur. Cette chambre est située en dessous de la glande thyroïde, en haut du sternum, au sommet de la cage thoracique.

2 De fines tentations t'ont assailli dans le monde de l'entendement cosmique. Tu as compris comment le délit se cache à l'intérieur même de la spiritualité.

3 Tu as saisi que dans l'encens de la prière aussi se cache le crime.

4 Tu as bien vu comment, parmi le Plérôme d'une Fraternité spirituelle, se cache aussi le crime.

5 Tu as aperçu, mon frère, comment, d'une simple amitié spirituelle entre deux êtres de sexe opposé, peut surgir un subtil adultère mental, avec des apparences transcendantales de spiritualité.

6 Maintenant, mon fils, tu comprends de plus en plus sous quelle forme et de quelle manière le mental et le cœur s'unissent et s'équilibrent par le moyen du Feu.

7 La porte s'est ouverte, entre, mon fils, pour célébrer ta fête.

8 Le moment est venu, mon frère, où tu dois te préoccuper un peu plus de la musique.

9 Les orchestres de l'Éden résonnent dans les espaces infinis, dans les grands rythmes du Feu.

10 Tout l'univers est soutenu par la magnifique orchestration des sphères.

La Cinquième Chambre

1 Tu as pénétré dans la cinquième chambre ardente de l'étroit chemin qui va de l'espace entre les sourcils au cœur.

2 Une porte s'ouvre. Entre, mon fils.

3 Écoute, à présent, ô Arhat ! Ce que l'Ange lit pour toi dans le livre.

4 On t'enseignera maintenant, mon frère, beaucoup de choses sublimes en relation avec le monde de l'entendement cosmique.

5 Tu agis intensément dans le monde de l'esprit pur sans aucun besoin de véhicules matériels.

6 Tous les principaux enseignements te sont donnés en langage sacré.

7 Le soleil brille sur l'arbre de ta vie, et tu es entré dans la cinquième chambre.

8 Tu as vu, mon frère, comment on s'approche du temple sacré du cœur.

9 Tu saisis maintenant comment s'équilibrent le mental et le cœur.

10 Tu te rends compte chaque fois plus comment il est possible d'agir en pleine conscience, dans ton « Moi » Supérieur, sans avoir besoin des quatre corps de péché.

11 Tu es réellement un ARHAN, tu es un Nirvani, mon fils !

12 Tu es un Maître des Mystères Majeurs, mais dans le monde du Nirvana tu as maintenant commencé à vivre comme un disciple des Dieux.

13 Tu es Maître et tu es disciple, tu as appris à obéir et à commander.

14 Tu es un Surhomme.

15 Dans le monde astral et dans le monde mental, tu as érigé un temple majestueux, mon fils, mais dans le monde du Nirvana tu ne possèdes encore qu'une toute petite chapelle.

16 Quand donc auras-tu une grande cathédrale dans le Nirvana ?

17 Quand pourras-tu être un habitant de la septième salle du Nirvana ?

18 Quand donc pourras-tu vivre dans cette grande ville d'or de la septième salle du Nirvana ?

19 Contemple ces êtres ineffables qui officient dans leurs grandes cathédrales du Nirvana !

20 Quand seras-tu comme l'un d'eux ?

21 Pauvre petit frère ! Tu n'as jusqu'à présent qu'une minuscule chapelle dans le premier sous plan du Nirvana.

22 Tu es un apprenti dans le Nirvana, mon fils.

23 La tâche est maintenant plus ardue pour toi, ô Arhat !

24 Si tu veux progresser dans le Nirvana, tu devras te sacrifier pour l'humanité.

25 Tu dois te convertir, mon frère, en un Bodhisattva de Compassion.

26 Chacun de tes sacrifices te sera remboursé dans le Nirvana.

27 C'est seulement ainsi, mon frère, que tu pourras progresser dans le Nirvana.

28 Tu as vu, mon frère, comment le Feu t'a transformé.

29 Tu as vu, frère de mon âme, que tout le secret du Nirvana, tu le portais caché dans tes organes sexuels.

30 Tu as souffert l'indicible en recherchant le Nirvana. Tu t'es affilié à différentes religions, écoles, loges et ordres, qui n'ont pu t'offrir qu'une brève journée de consolation.

31 Tu as pratiqué des pénitences, tu as porté sac et silices sur ton corps, mais en vain, mon fils.

32 Tu avais oublié où se trouvait la porte de l'Éden et c'est pour cela que tu as souffert, frère de mon âme.

33 Tu as vu que le Nirvana était dans tes propres organes sexuels.

34 Que de travail, mon fils !

35 Mais finalement tu as aperçu la porte de l'Éden dans tes organes sexuels et tu es entré.

La Sixième Chambre

1 Tu descends maintenant peu à peu, mon frère, par l'intérieur de ton temple, de la tour vers le cœur.

2 Tu es assis à la fenêtre de la base de ta tour.

3 Tu es à l'intérieur de ton temple, mon frère, et tu descends peu à peu de la coupole jusqu'au sanctuaire sacré du cœur.

4 De la hauteur de cette fenêtre intérieure, on contemple la profondeur, le pavé du temple.

5 La hauteur donne le vertige, mon frère.

6 Malheur à l'Arhat qui ne sait pas contrôler le vertige de la hauteur, car il tombera à l'abîme.

7 Celui qui a de l'entendement, qu'il entende ; celui qui a des oreilles, qu'il écoute ce que je dis aux Arhats.

8 Tu es très haut, ô Arhat ! Et des profondeurs du Sanctuaire monte jusqu'à ta fenêtre un chœur ineffable.

9 Les Maîtres chantent délicieusement en langage sacré.

10 Persévère, ô Arhat ! Sois prudent, prends toutes les précautions nécessaires et ne t'évanouis pas à cause du vertige de la hauteur.

11 Sois humble, mon frère, sois parfait, de même que notre Père qui est aux cieux est parfait.

12 Entre dans ta sixième chambre, mon frère.

13 Cette chambre est formée de salles entrecroisées.

14 Cette chambre appartient au sixième Arcane du Tarot : l'Amoureux.

15 Te rappelles-tu tes erreurs ?

16 Te souviens-tu, mon frère, de ces périodes ténébreuses de ta vie lorsque tu expérimentais en toi-même l'Arcane Six du Tarot ?

17 Te rappelles-tu de ce temps où tu errais par les chemins tortueux de la fornication et de l'adultère ?

18 Reçois avec patience les souvenirs douloureux. Reçois avec patience tes admonestations.

19 Entre maintenant, mon frère, dans cette chambre illuminée par la lumière de ton chandelier.

20 Reçois ta fête, ô Arhat !

La Septième Chambre

1 Tu es maintenant devant la porte de la septième chambre, ô Arhat !

2 Cette chambre est symbolisée par l'Arcane Sept du Tarot (le Chariot).

3 Rappelle-toi ton premier amour, mon frère ! Rappelle-toi ta divine Mère, la sainte Déesse Mère du Monde, que tu as abandonnée lorsque tu as mangé du fruit défendu.

4 Ne t'aimait-elle pas assez ? Que te fallait-il donc, mon fils ? Pourquoi as-tu abandonné ta mère ?

5 Frappe, fils ingrat ! Frappe fort à la porte de la septième chambre, afin qu'on t'ouvre.

6 Mauvais fils, repens-toi de ton ingratitude et pleure, lamente-toi, lutte et supporte l'indicible pour que les Dieux t'ouvrent la porte de cette chambre.

7 C'est l'Arcane Sept du Tarot et tu dois beaucoup lutter, mon frère, pour que les Dieux t'ouvrent la porte de cette chambre.

8 L'Arcane Sept du Tarot est représenté par un char de guerre tiré par deux sphinx, l'un blanc et l'autre noir.

9 Le sphinx blanc symbolise la Bienheureuse Déesse Mère du Monde, et le sphinx noir symbolise l'ombre de la Divine Mère, Hécate, Proserpine, la Reine des enfers atomiques de

cette nature, la Déesse noire qu'adorent tellement les démons de l'ombre.

10 Tu as abandonné ta mère pour suivre la déesse ténébreuse des passions charnelles et tu dois maintenant te repentir de ton ingratitude et frapper fort à la porte de la septième chambre afin que les Dieux t'ouvrent.

11 Avance avec ton char de guerre, ô, Arhat ! Frappe fort pour que l'on t'ouvre.

12 La porte s'est ouverte, pénètre dans ta chambre, ô Arhat !

13 Entre dans la septième chambre et reçois ta fête.

14 Tu es un enfant, et on t'a confié des armes puissantes avec lesquelles, si tu ne sais pas t'en servir, tu blesseras les autres et te blesseras toi-même.

La Huitième Chambre

1 Frappe fort à la porte de ton Temple, ô Arhat !

2 Réjouis-toi, mon frère, réjouis-toi, car tu es parvenu au seuil du cœur.

3 On a déjà payé le spécialiste qui a éveillé ta quatrième couleuvre et qui, à travers de suprêmes efforts, a conduit puissamment ton serpent jusqu'à ces centres sacrés de ton cœur.

4 Tout travail doit être payé et on a déjà payé ton spécialiste pour le service grandiose d'avoir conduit savamment ta couleuvre depuis le coccyx jusqu'à ces chambres ineffables du cœur.

5 Seuls le service désintéressé, la chasteté et la sainteté, peuvent nous emporter jusqu'aux cimes ineffables.

6 Tu as vu, mon frère, ce qu'est le grand service.

7 Je connais beaucoup de frères spiritualistes bons et vertueux qui luttent pour la perfection.

8 Je connais beaucoup de frères qui luttent jusqu'à l'indicible pour corriger leurs défauts et se purifier, mais ne portent aucune attention aux autres. Ils se croient seuls, et ils luttent pour se surpasser eux-mêmes spirituellement, et pour leur auto-exaltation morale, mais ils oublient qu'ils ont des frères, et que nous sommes tous enfants d'une même Mère.

9 Leur spiritualité est une spiritualité égoïste, et comme ils ne sont utiles à personne, et ne se sacrifient pour personne, et ne luttent pour la spiritualité de personne, les Maîtres ne leur doivent rien, et puisqu'on ne leur doit rien, on n'a rien à leur payer.

10 Toute Initiation est un paiement que l'on fait à l'homme, mais si l'on ne doit rien à l'homme, on ne lui donne rien ; par conséquent, même s'il crie et hurle en réclamant l'Initiation, des cheveux blancs lui pousseront bien avant qu'il n'obtienne quoi que ce soit.

11 La majestueuse porte du temple sacré du cœur s'est ouverte.

12 Entre ! Mon frère, dans la grande cathédrale de l'Âme, pour célébrer la fête de l'Arhat.

13 Pénètre, mon frère, dans le Temple-Cœur, afin de recevoir la Quatrième Initiation des Mystères Majeurs.

14 Tu as revêtu tes plus beaux vêtements. Le temple est en fête car le mental et le cœur se sont unis au moyen du Feu.

15 Quelques beautés ineffables dansent devant toi la danse sacrée des Runes.

16 Ton mental pend à un bois, crucifié ! Il est christifié ! Et il est maintenant détaché de sa Croix pour célébrer la fête.

17 Ton mental est maintenant un Christ vivant. Ton mental resplendit avec le pouvoir sacré du Feu.

18 Une musique ineffable résonne dans les espaces divins.

19 À l'intérieur de la chambre sacrée de ton cœur, resplendit le Feu de l'Arhat.

20 Tu portes maintenant le Christ dans ton cœur, et la blanche colombe de l'Esprit-Saint a fait son nid dans ton Temple-Cœur.

21 Quelques Âmes ineffables portent la longue traîne de ton manteau. De belles femmes dansent la danse des Runes.

22 Le Roi du Monde est assis sur son trône, il t'attend, mon frère.

23 Sanat Kumara en habit de cérémonie te remet le symbole sacré de Mercure.

24 Tu es un Imperator du Mental, tu es un Arhat de la pensée.

25 À présent ton mental brûle ardemment parmi le crépitement de ces flammes universelles.

26 À présent ton mental resplendit au sein de la Rose Ignée de l'univers.

27 Tu t'es libéré de l'illusion de la séparativité. Tu es Cela, Cela, Cela.

28 Tu vis dans tous les cœurs, tu vois à travers tous les yeux, tu entends à travers toutes les oreilles, car tu es Cela, Cela, Cela.

29 Maintenant tu pourras t'exclamer : « Je suis l'Atman, l'Ineffable ! »

30 Je suis ce que je suis, ce que j'ai toujours été et ce que je serai toujours.

31 Tout l'infini étoilé est mon corps. Tout l'univers est ma personnalité, et c'est pourquoi je m'exprime avec force et puissance à travers mes Arhats.

32 Je pleure dans l'enfant, je chante dans l'oiseau, je fleuris dans mes grenadiers.

33 À présent tu dois comprendre, mon frère, la personnalité dans l'impersonnalité.

34 Tu dois maintenant saisir, mon frère, que l'illusion de la séparativité est une hérésie, et que la personnalité égoïste de ceux qui veulent seulement être eux et rien de plus, est la pire des hérésies.

35 Lorsque moi, Aun Weor, j'affirme que nous devons avoir un « Moi » fort et puissant, une robuste personnalité, je ne fais pas allusion à la personnalité égoïste, ni au Moi animal. Je me réfère uniquement au Moi divin, et à notre gigantesque personnalité formée par tous les êtres de l'Infini.

36 L'Atman tonne et lance des éclairs dans tous les espaces infinis, et il se manifeste avec puissance à travers les Arhats.

37 L'Atman est Ineffable, il n'a aucune faiblesse, il s'exprime avec pouvoir et majesté à travers ses prophètes.

38 Notre Moi est universel, et tous les corps de tous les êtres vivants sont les corps de notre Moi interne et divin.

39 Lorsque nous avons parlé d'une forte et puissante personnalité, beaucoup n'ont pas compris ce qu'est la personnalité au-dedans de l'impersonnalité, et ils sont tombés dans l'horrible hérésie de la séparativité.

40 Ne vous laissez pas guider, mes frères, par l'égoïste personnalité de votre corps mental ni par l'intellect animal.

41 Vous devez écouter uniquement l'Intime, qui réside dans le cœur, vous devez apprendre à entendre la « voix du

silence ».

42 Lorsque nous parlons d'un Moi universel, nous ne tombons pas dans l'absurdité d'Annie Besant, d'oublier l'Individualité de l'Intime.

43 Nous reconnaissons l'Individualité à l'intérieur de l'Unité de la vie, et quoique nous sachions que la goutte d'eau disparaît dans l'Océan, nous savons aussi que l'Océan disparaît dans la goutte d'eau.

44 L'Atman est Un s'exprimant en tant que plusieurs ; la mer ardente de la vie libre en son mouvement a beaucoup de flammes.

45 Cependant, toutes les flammes ensemble forment la mer de Feu ardent, le monde de la Brume de Feu.

46 L'Intime est individuel et universel en même temps.

47 « Je suis la flamme qui brûle dans chaque cœur humain, comme elle brûle dans chaque grain de semence et dans le noyau de chaque étoile. »

48 Je suis l'arbre, la pierre, l'oiseau, l'homme, la lumière, le pain et le vin.

Les Sept Centres du Cœur

1 Dans le cœur humain existent sept centres divins, et au fur et à mesure que l'Initié parvient à chacune des grandes Initiations de Mystères Majeurs, il pénètre dans chacun de ces centres cardiaques.

2 À chacune des sept Grandes Initiations des Mystères Majeurs, l'Initié a accès à l'un de ces centres.

3 Dans la première Initiation de Mystères Majeurs, l'Initié a le droit d'entrer dans le premier centre. Avec la seconde Initiation, il entre dans le second centre, avec la troisième, il entre dans le troisième centre, et ainsi de suite jusqu'à la septième Initiation, qui lui donne accès au septième centre.

4 Un mont d'une blancheur immaculée, ayant l'aspect d'une pyramide, se présente devant toi. Entre mon frère, dans cette chambre sacrée où resplendit l'image du crucifié ; tu as déjà pénétré auparavant dans ce centre, et maintenant tu y entres encore, pour la quatrième fois, chaque fois de façon plus élevée.

5 Nous passons toujours par les mêmes centres, sous une forme chaque fois plus élevée, en suivant la courbe de l'évolution cosmique.

6 Entre maintenant, mon frère, dans le deuxième centre et reçois tes présents et tes festivités.

7 Entre dans le troisième centre, et fais tourner ta sphère ardente qui est suspendue à la corde. Reçois, mon frère, musique, chants et réjouissances.

8 Pénètre maintenant, ô Arhan, Imperator du Mental Cosmique, dans ton quatrième centre.

9 Ce quatrième centre correspond à la Quatrième Initiation des Mystères Majeurs.

10 Tu es devant l'aurore de la vie, mon frère, tu étais un indien sauvage et primitif dans les forêts vierges de l'Arcadie. Tu adorais le soleil naissant et tu ne te servais pas du raisonnement. Tu laissais sagement la voix de l'instinct te guider.

11 À la fin de la journée, mon frère, après avoir christifié ton mental, tu découvres que la fin est égale au commencement, plus l'expérience du cycle.

12 As-tu fini par te convaincre que tu ne pouvais en savoir plus que Dieu ?

13 La raison est un crime de lèse-majesté contre Dieu.

14 Avec tes pauvres raisonnements, tu croyais que tu pouvais en savoir plus que le Créateur, et tu t'es trompé, mon frère.

15 Tu es à présent revenu, mon frère, au pôle positif de l'instinct, car la fin rejoint toujours le commencement, avec en plus l'expérience du cycle.

16 Tu es revenu au royaume de l'Intuition.

17 Tu es maintenant convaincu, mon frère, de l'inutilité des raisonnements.

18 Seul le sentier de l'action droite, lorsqu'on est régi par la voix du silence, peut nous mener jusqu'aux cimes ineffables du Nirvana.

19 Au lieu de raisonner et de détruire le corps mental avec la bataille des antithèses, il vaut mieux travailler intensément pour le bénéfice de l'espèce humaine.

20 Lorsque les raisonnements t'assaillent, tu dois les vaincre avec le fouet terrible de la volonté.

21 Quand la lutte antithétique des concepts risque de fractionner ton mental, chasse-les de toi avec la cravache terrible de la volonté, et fais ce que tu as à faire, afin de ne pas laisser place à l'inutilité des raisonnements.

22 La seule chose qui intéresse les Seigneurs du karma, ce sont tes œuvres.

23 Tes ratiocinations n'intéressent pas les Seigneurs du karma.

24 Le processus du choix conceptuel, le processus déprimant de l'option, cause de très graves dommages au corps mental.

25 Lorsque les dommages se cristallisent dans le cerveau physique, alors viennent des maladies cérébrales, des manies intellectuelles, l'alcoolisme, la neurasthénie et la folie.

26 Tu ne peux en savoir plus que Dieu, mon frère, tes raisonnements ne te servent donc à rien, chasse du temple de ton mental tous les marchands, avec le fouet terrible de la volonté.

27 Christifie ton mental, bien-aimé disciple, transmute l'eau en vin et ouvre tes portes à ton Dieu intérieur, afin qu'il t'enseigne la Sagesse divine, et tu mangeras ainsi le pain de la Sagesse, sans avoir besoin des inutiles raisonnements qui détruisent le corps mental.

28 Dans le plan mental existent des hôpitaux et des cliniques où sont actuellement reclus des milliers de corps mentaux malades à cause du processus douloureux des raisonnements.

29 Dans ces hôpitaux du monde du Mental sont hospitalisés les corps mentaux de beaucoup d'Initiés qui ont détruit leur mental avec le processus du raisonnement.

30 Le mental doit couler de manière silencieuse et ininterrompue, sans le processus déprimant des raisonnements.

31 L'important, c'est le sentier de l'action droite, l'important c'est l'action intuitive.

32 L'action intuitive c'est l'action juste, c'est penser juste, c'est sentir juste, c'est transmutation divine, c'est plénitude de travail, plénitude d'action, c'est activité pleine, activité juste, c'est sainteté véritable, c'est sagesse en action, amour actif.

33 L'humanité du Verseau sera l'humanité intuitive.

34 Tu as vu, ô Imperator ! Combien d'êtres ont commencé avec toi la journée.

35 Des millions d'êtres humains ont commencé à gravir la montagne spirale de la vie, mais la majeure partie d'entre eux ont roulé à l'abîme et se sont convertis en démons.

36 Seule une poignée d'êtres sont parvenus avec toi au sommet de la montagne.

37 Entre dans le temple, ô Arhat ! Pour célébrer la fête.

38 Le temple est en tenue de cérémonie.

39 Sanat Kumara, l'Ancien des Jours, t'attend sur son trône.

40 Sa voix majestueuse résonne comme la voix d'une armée.

41 La Déesse Mère du Monde met sur ta tête le voile sacré des Bouddhas, et le diadème avec l'œil de Shiva.

42 Dans l'espace entre les sourcils resplendit l'œil de Dagma, et Sanat Kumara s'exclame : « Tu es un Bouddha ! Tu t'es libéré des quatre corps de péché, tu es un habitant du monde des dieux. Tu es un Bouddha ! »

43 L'Ancien des Jours te remet la tunique du Bouddha. Reçois-la, mon frère.

44 De ton corps mental sort à ce moment un enfant rempli de beauté, c'est l'extrait animique du corps mental, c'est ton Mental-Christ.

45 Cette belle créature fusionne maintenant totalement avec ta divine Triade éternelle.

46 Le Mental-Christ s'est formé dans ton corps mental.

47 Le Mental-Christ est pur Semen transmuté.

48 Le Mental-Christ est le résultat de la Magie Sexuelle.

49 Tu es un Bienheureux, ô Bouddha !

50 Sanat Kumara t'offre un nouveau trône.

51 Tous les frères du temple sont dans l'allégresse, tous se réjouissent avec le nouveau Bouddha, tous t'embrassent et te donnent le saint baiser.

52 La fête est immense.

53 La Déesse Mère du Monde a enfanté un nouveau Bouddha dans le monde des Dieux.

54 Il resplendit maintenant d'une immaculée beauté au milieu de cette Rose Ignée de la nature.

55 Le Manas s'est fusionné avec l'Atman-Bouddhi-Manas, dans le cœur de Brahma où seule resplendit la Sagesse sacrée du Bodhidharma.

56 La Déesse Mère du Monde s'exclame : « Voici mon fils bien-aimé, voici un nouveau Bouddha ! »

57 C'est la Sagesse du Cœur, c'est la Sagesse du sceau du Cœur.

58 À la fin, la mort et le Cœur fusionneront totalement.

59 La musique des Sphères résonne dans les espaces divins, et dans le temple des Dieux de belles femmes dansent les runes sacrées.

Samael Aun Weor

Printed in France by Amazon
Brétigny-sur-Orge, FR